大学生运动与健康促进研究

Research of College Students Exercise and Health Promotion

彭玉林◎著

中国经济出版社
CHINA ECONOMIC PUBLISHING HOUSE
北 京

图书在版编目（CIP）数据

大学生运动与健康促进研究 / 彭玉林著.
北京：中国经济出版社，2017.9（2023.8 重印）
ISBN 978-7-5136-4818-9
Ⅰ.①大… Ⅱ.①彭… Ⅲ.①大学生—体育运动—关系—健康—研究 Ⅳ.①G806
中国版本图书馆 CIP 数据核字（2017）第 200806 号

责任编辑　赵静宜　尹思源
责任印制　巢新强
封面设计　久品轩

出版发行　中国经济出版社
印 刷 者　三河市同力彩印有限公司
经 销 者　各地新华书店
开　　本　710mm×1000mm　1/16
印　　张　14.25
字　　数　206 千字
版　　次　2017 年 9 月第 1 版
印　　次　2023 年 8 月第 2 次
定　　价　49.80 元
广告经营许可证　京西工商广字第 8179 号

中国经济出版社 **网址** www.economyph.com **社址** 北京市东城区安定门外大街 58 号 **邮编** 100011
本版图书如存在印装质量问题，请与本社销售中心联系调换（联系电话：010-57512564）

前 言

有关体育在现代社会中的地位与价值的分析论述，阐明了人们越来越重视现代体育的作用，体育的社会功能和作用在日益增强，体育在社会生活中的价值和地位也日益提高。它已成为增强人们体质、丰富人们文化生活的一项重要的手段。同时体育也与政治、经济、社会发展的关系越来越密切。从一定意义上讲，体育代表了一个国家的综合国力，是社会发展的第一国际性语言。

大学阶段是人生中绚丽多彩、值得一生回忆的重要阶段，也是进一步打好体质健康基础、养成良好生活习惯及锻炼健身习惯、掌握科学健身方法的重要时期。大学阶段养成良好的健身习惯及掌握科学的健身方法，将会终身受益，提高生活质量。本研究对大学生运动和健康促进进行研究，希望对改进和优化我国高校体质健康管理工作有所裨益。

在许多国家中，政府已经采取了积极有效的应对措施，提出了健康促进计划。日本健康福利部早在 1978 年就发起“全民健康促进，第一波”，在 1988 年又发起“全民健康促进，第二波”——健康计划，2000 年更是提出“21 世纪，健康日本”的全民健康促进活动；美国政府从 1990 年开始实施一个全国性健康计划——“健康公民 2000 年”，到 21 世纪初又提出了“健康公民 2010 年”；中国政府提出了“全民健身计划”等。这些健康促进主题的目标虽然也是集中在预防疾病与促进健康上，但其内涵已获得极大的扩展，更加强调科学的运动健康促进理念，强调身体运动的重要性，把体育运动作为健康促进的重要手段和方式。

本书主要从大学生运动和健康促进两方面着手，在写作过程中，尽可能地从实用性和科学性的角度进行分析研究，联系实际，精心构思，字里行间倾注了满满的热情，作者由衷地希望能够对广大学生的健康成长有所帮助。然而，由于作者经验不足、水平有限，本书难免存在疏漏之处，恳请读者提出宝贵的意见和建议，以便不断的改进和完善。

作　者

2017年7月

目 录

第一章　健康概论

第一节　有关健康的理论

古往今来，健康一直是人们所向往和关注的问题。在不同的时期，人们对健康的看法和理解有所不同，并且不同学科的研究也赋予了健康不同的界定和内涵。

当今社会，人们对健康概念众说纷纭，体现了人们对健康概念的历史性理解，也体现了健康本身所具有的鲜明的时代性、科学性和永恒性。所以说健康是人类关注的永恒主题。

一、健康的基本概念

（一）健康概念的形成与演化

“健康”的英文词汇是 Health，起源于英国盎格鲁撒克逊族，它所涵盖的意思是：结实、完美和安全。

由于“健康”一词的概念受到不同历史阶段的生产力、科技水平和当时哲学思想的影响，因而具有一定的动态特征，再加上人类从一出生就会受到疾病的威胁，因此，在科技水平不发达的远古时代，人们本能地意识到当身体没有疾病或创伤时，就是安全并且没有痛苦的，这种本能的意识就是那时候人们对于健康最初的认知。但这种本能的意识并没有上升到对健康作出理论概括的层次。

（二）健康的定义

人类自始至终都把身体健康作为永久追求的目标，伟大的哲学家马克思曾经说过，人类的第一权利就是健康。

1989 年，联合国世界卫生组织（以下简称 WHO）对健康的定义为："健康不仅是指没有疾病或不虚弱，而且是指生理、心理的健康和社会适应的完好状态。"这就是人们所指的身心健康，也就是说，一个人在躯体健康、心理健康、社会适应良好和道德健康四方面都健全，才能称得上是完全健康的人。

（三）体质与健康的关系

在"身体好"的基础上，体质和健康一直是相辅相成的关系；虽然体质和健康具有充分的一致性，但是人体健康的首要前提是体质好，如果一个人的体质不好，那么健康就会失去基础，所以强化体质的最终目标就是获得健康。

然而在本质上二者的含义还是有很多的不同，正规来讲，体质属于健康的一部分，判断人身体健康与否的最基础的标准就是看身体各个器官是否能够正常运转、机能是否正常。而体质的好坏则是对人体整体状态所进行的综合性评价，通常人们对一个人体质好坏的评判首先要综合考虑其身体的健康状态，其次才是从人体的形态、身体素质对环境气候的适应能力和抗病能力等方面进行测定与评价。

（四）健康程度

人体健康的程度从不同的角度看有不同的分类，见表 1-1：

表 1-1　健康程度的分类

<table>
<tr><td>1 度</td><td>2 度</td><td>3 度</td><td colspan="2">4 度</td></tr>
<tr><td>特别健康者</td><td>普通健康者</td><td>需注意者（限制运动）</td><td>需保护者（禁止运动）</td><td>病者（治疗）</td></tr>
<tr><td>健康者</td><td colspan="4">虚弱者</td></tr>
</table>

在我们的日常生活中，一度特别健康和二度普通健康这两种分类并不易区分，然而病者和虚弱者这两种分类之间还是有显著区别的，不过这两类体质经过合适的体育锻炼和有效的治疗后，健康程度可以有很大幅度的提高。

二、健康的分类

人们为了方便进行科学研究而把健康分为三个不同的种类：第一，身体健康和心理健康；第二，个体健康和人群健康；第三，健康的第一、二、三种不同的状态。

（一）身体健康和心理健康

1. 身体健康

身体健康主要包括两方面的内容，第一，人体健康最基本的要求是人体的主要器官没有疾病，且各器官具有良好的生理功能，体形匀称，身体的活动能力和劳动能力都比较强。第二，人体维持健康的能力就是指对疾病的抵抗能力。综合来讲就是人体各器官发育良好，各组织结构完整，没有疾病困扰，身体强壮。

2. 心理健康

心理健康不同于身体健康的是，心理健康不仅是指没有心理上的疾病，更重要的是能以一种积极向上的能量充分利用身心潜能的活跃状态。世界卫生组织曾指出一个人心理健康的标志为：在处理人际关系时能够彼此谦让；拥有良好的幸福感；在工作、学习中能充分发挥自己的实力，积极、有效率地生活。

（二）个体健康和人群健康

从宏观和微观的角度来看，健康又可以分为人群健康和个体健康两种。人群健康是指不同地域或者不同人群的整体健康状况，它对于制定某种健康政策，评定国家、地区的健康状况尤为重要。而个体健康通常指的是个体体质的综合健康状况，也是评价个人生存质量的基本指标，同时，通过提高个体健康可以有效地促进人群健康水平的提高。

（三）第一状态、第二状态和第三状态

根据健康评估的综合判断，可将健康分为第一状态（健康状态）、第二状态（疾病状态）和第三状态（亚健康状态）。目前，流行于世界的健

康评估法是一种名为“MDI 健康评估”的方法。MDI 健康评估的满分为 100 分，各分数段分别对应 WHO 对健康的定义，因此通过世界性普查得出的结果是：

第一状态：健康状态，评估分数在 85 分以上；

第二状态：疾病状态，评估分数在 70 分以下；

第三状态：亚健康状态，评估分数在 70~85 分之间。

据全世界的普查结果显示，健康评估分值在 85 分以上的第一状态即健康状态者，占比约为 5%，70 分以下疾病患者约为 20%，第三状态即亚健康状态者则为 70%以上。

1. 第一状态

第一状态就是指人体最健康的状态，通俗地讲就是个体经过系统全面的临床检查，证实身体没有疾病困扰，并且从主观上看没有虚弱的感觉，精力充沛、精神焕发，工作、学习处于积极的状态。

2. 第二状态

第二状态是指人体的疾病状态。在确定人体第二状态时，一定要先按照《国际疾病分类》的标准来确定疾病的种类，最后再根据疾病的病情和程度来确定疾病的状态。

3. 第三状态

第三种状态是指人体的亚健康状态，所谓亚健康状态就是一种非健康又非疾病的一种状态，处在这种状态下的人，虽然没有疾病困扰，但也不是强壮的健康状态，体质有虚弱的现象，在日常生活中经常表现出：精神欠佳、反应能力迟钝，在为人处世中适应能力较差，而经过医院的系统检查又没有发现患病的客观依据。这种非疾病又不完全健康的状态就是第三种亚健康状态。

三、健康的价值

（一）人民健康是社会发展目标中的基本目标

新形势下的现代社会已经把发展健康当作是人们的一项基本权利和基

本要求，把树立“全民健康”的理念看成是全人类、全社会的事业。国外学者马勒博士也曾指出：一定要使人们清醒地认识到，虽然健康不能取代一切，但是一旦失去健康，就会失去一切。从客观的角度来讲，人们的身体健康确实已经成为当前社会发展目标中的基本目标。

（二）健康是人们奉献社会和享受生活的基础和前提条件

人们想要适应现代快节奏、高质量的生活，首先个体要身体健康、精神饱满，并且有很好的社交能力，如此才能更好地享受生活、优化自己在社会中的地位和发挥应有的作用。反之，如果个体不具备健康的身体和心理，就无法享受幸福的生活，更谈不上奉献社会。所以说，一个人首先应具有健康的体质和心理，这样才能最大限度地诠释生命的意义，奉献社会。

（三）健康既是学校教育的前提，又是学校教育的首要目标

健康是人类生存的必要前提，不管是工作、学习还是生活，都必须建立在个体健康的基础上。我国的教育方针是：学生要德、智、体全面发展，三个方面各有特定的含义和特定的任务。其中的“体”就是体育，它所肩负的含义和任务就是提高学生的体质、健康水平，例如：一个大学生因为健康状况不佳经常缺课，做事缺乏积极性，即使采用最先进的教学设备和最优质的教学方法，对他也起不到良好的作用。只有身心健康的当代大学生才能在优质的教学方法的指导下，收获理想的学习成果。由于学校教育在大学生的人生教育中能起到决定性的作用，所以高校应该有目的、有计划地实施各项教育活动。

（四）健康是社会发展的基本标志和潜在动力

人们所能呈现出的最完美的状态就是：精力充沛、积极向上、身心健康、充满正能量。人们的个体健康是社会发展的基本标志，一个拥有大批量高素质人才的国家绝对具有可持续发展的优势。在国家可持续发展的政策里，健康的个体体质是发展思想道德和科学文化素质的物质基础，更是培养高素质人才的物质基础。一个社会发展的潜在动力就是拥有健康的、

高素质的国民和各科专业的人才。所以说健康不仅是个体和家庭的事，更是人类文明推动社会不断进步的大事。全民健康是社会发展的最终目标，强身健体不仅需要科学、合理的体育运动，还受到多种社会制度的制约，例如：社会文明、社会经济和文化教育等，社会安定团结、紧密向上，社会经济就会高速发展，人们就能安居乐业，同时人们的健康水平就会有极大的提高。

第二节　健康的基本标准

社会主义的发展是以人为本的发展，人的体质状况可以反映出某个时期内人们身体发育和运动机能等多方面的发展变化趋势。因此，学生体质的增强不仅可以为国家发展提供优质的、健康的人力资源，还可以从另一方面反映出国家经济发展的多方面的变化。

因此，中华民族的素质建设和社会主义现代化建设事业的一项具有战略意义的工作，就是对国民体质进行测量和评价。

一、体质测量与体质评价的相互关系

体质测量是指选择能够客观反映体质状况的各种指标和恰当的方法，对人体进行定量的测试，获得反映体质状况的资料，为更好地进行身体锻炼和促进健康成长提供科学依据。

体质测量与评价是对身体形态、身体机能、身体素质及有关因素等身体综合能力进行测量与价值判断的一门应用学科。测量与评价是这个过程的两个方面。测量是将一些可以测得的物理、非物理量转换为数值或记号，并进行资料汇集、信息搜集的过程；评价则是对所获得的信息进行加工处理，通过科学分析做出价值判断，赋予被测量事物某种意义的过程（如图 1-1 所示）。由此可见，测量是基础、前提，评价是结果、目的，两者密切联系，不可分割。对国民体质的研究，是一个需要从多方面、多角度进行综合研究的比较复杂的专门领域，但是应用测量与评价的理论和方

法，却是研究国民体质状况、增强国民体质不可缺少的基本的方法和手段。体质测量是体质研究的基础，测量的准确性将直接影响体质评价的科学性。

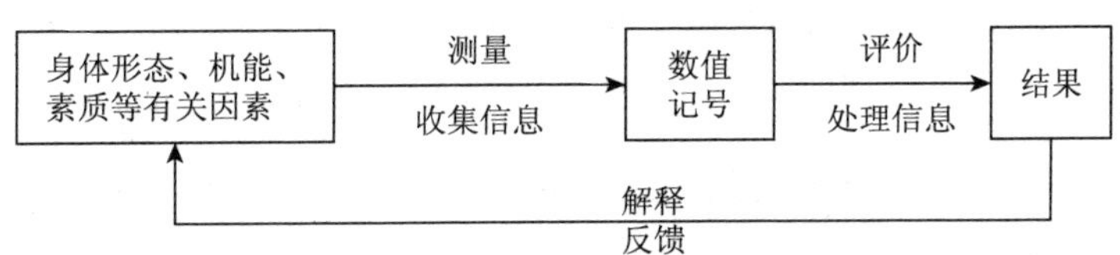

图 1-1　体质测量评价的过程

二、大学生体质健康评价方法

体质评价是对照某些特定的评价标准对个体或群体的体质状况和体质水平进行判断的过程。体质测量的结果只反映现实，通过定性或定量的评价，才能对其现状的意义、价值、未来的发展趋势等加以判断。其中，在制定和选用体质评价标准时应注意以下几个问题。

（一）制定评价标准的样本数量

规范化的评价标准，一般是在较大规模抽样调查研究的基础上制定的。既然是抽样调查，就会产生抽样误差。样本的数量越小，抽样误差就会越大，对总体的代表性也就越差。所以，在制定评价标准时，必须要有足够数量的样本和合理的样本分布。在制定全国性的评价标准时，最低不能少于 500 人，千人以上会更为理想；省市级的评价标准，最低不能少于 300 人；地区性的评价标准，起码也应为 100 人。

（二）制定评价标准时应该充分考虑年龄特点

人的机体能力会随着年龄的变化而变化，尤其是在生长发育阶段，会更加明显。各个年龄组之间存在着显著的差异，因此，必须充分考虑各年龄组的特点，分别制定不同的标准。

年龄分组的方法大致有两种：一种是按日历年龄分组，另一种是按生物年龄分组（选材）。使用哪种分组方法，主要取决于评价的目的和评价指标的特点。在儿童、少年阶段，年龄组的划分要比成人阶段细致，一般可以一岁一个年龄组；成人阶段可按青年、壮年、老年的年龄阶段和 5 岁一个年龄阶段合并分组。

（三）制定评价标准时应充分考虑性别、地区和种族特点

众所周知，人的机体能力存在着显著的性别差异。因此，在制定和使用评价标准时对这些因素必须给予足够的重视，特别是在使用某些评价标准时，绝不能随意套用。对某一评价标准，人们在既不清楚它的适用范围、又不考虑制定标准的特定条件时，不做具体分析便随意拿来套用，会导致评价结果不够准确，这种情况尤其多见于对国外的一些标准的生搬硬套。但实际上，使用这种标准进行评价，有时是毫无实际意义的。

（四）制定评价标准时必须注意形态特征的影响

人体的形态特征与生理机能和运动能力有着十分密切的关系。例如，肺活量与体重、胸围和身高，最大摄氧量与体重，引体向上与体重等。因此，在评价这些指标、制定评价标准时，应尽量排除体形差异对评价标准和评价结果产生的影响。用身体指数和分组指数法制定的评价标准，就是以排除某些体格、体形的影响为基本出发点的。

（五）使用评价标准时应注意它的适用范围

第一，标准是为一定的总体制定的，因而它只适用于这个总体。

第二，如果制定标准时的样本是从某一总体中随机抽取的，并以此作为该总体的标准，那么，这个标准对于该总体中的任何一个个体也是适用的。

第三，随着时代的推移，人的能力也在发生变化。任何一个标准在制定以后，都不能一成不变，应定期予以修订。

三、我国体质测试和评价的发展阶段

我国大规模的体质健康测试工作于 20 世纪 70 年代末开始，现在主要包括 5 年一次的国民体质监测和每年的学生体质健康标准测试工作。我国国民体质健康测试的主要标志性工作如下。

第一，1979 年进行了 16 个省市青少年身体形态、机能和素质的调查研究。

第二，1985 年开始进行大规模的青少年体质调研。

第三，1991 年、1995 年开展了中国学生体质与健康状况调查研究。

第四，1996 年颁布了《中国成人体质测试标准施行办法（试行）》。

第五，2000 年以后，全国范围内每 5 年开展一次大规模、全年龄段的人群体质监测工作。

第六，2002 年开始试行《学生体质健康标准测试标准》。

四、实施《国家学生体质健康标准》的重要意义

改革开放以来，我国的体育教学工作取得了很大的成绩，青少年体育运动事业蓬勃发展，青少年的营养水平和发育水平都在逐步提高，这些直接促进了我国国民整体健康素质的提高。不可否认的是，部分学校片面地追求升学率，使学生的休息和锻炼时间受到严重挤压，学生课业负担过重，出现了轻体育、重智育的倾向；另外学校的体育场馆设施不足，不能够保证学生的体育课高质量地完成。

近期青少年的体质健康检测表明，我国青少年体力不良的状况长期得不到改善，力量、耐力、速度、爆发力等体能指标持续偏低，我国城市青少年的肥胖症和运动缺乏的比例在不断增加，而部分农村青少年的营养状况不佳，因此，提高全民健康首先要解决这些影响青少年生长发育的实际问题，这样才能有效地提高我国青少年的健康水平。通过实施《国家学生体质健康标准》的测试制度，公布测试成绩，根据测试结果合理地调整大学生的运动习惯，促进学生积极参与运动，有助于全面提高当代大学生的健康水平，从多方面把学生培养成德、智、体、美全面发展的国家栋梁之材。

所以，我国高校更要深刻理解实施《国家学生体质健康标准》制度的现实意义和深远的历史意义，积极地组织、宣传和认真贯彻落实新标准，

从全面提高中华民族素质的高度出发，把新标准的贯彻落到实处，从而激发学生锻炼身体的积极性和自觉性，以不断提高自身的体质和健康。

第三节　影响健康的因素

影响人类健康的因素非常多，这与人类对健康的认识程度密切相关。WHO 提出新的健康概念后，人们的关注点从疾病的影响因素扩展到健康的影响因素上。从具体的健康问题中可以分析和概括出影响人类健康的共同因素。目前，学者们逐渐开始用健康决定因素（Determinants of Health）的概念来分析健康问题。

健康决定因素的概念抓住了影响健康的主要因素，这对制定和实施健康策略比较有利。1974 年，加拿大卫生与福利部部长 Mac Lalonde 发表了题为“A New Perspective on the Health of Canadians”的著名报告。用更为广泛的“健康领域概念”替代传统的认为“所有的健康改善都源自医学”的狭隘观点，并把影响健康的众多因素归纳为四大类：人类生物学、生活方式、环境和卫生服务的获得性。这就是我们经常谈到的影响健康的四大因素的出处。这一理论的提出，使政府和非政府机构开始关注人们的生活方式和行为方式，更加注重社会、物质、经济和政治等因素对健康的影响。

目前人们认识到，健康的决定因素是相当复杂的，至少可以分为七大类，见表 1-2。

表 1-2　健康的决定因素

编号	分类	说明
1	社会经济环境	个人收入和社会地位
		社会支持网络
		教育及文化程度
		就业和工作条件
		社会环境

续表

编号	分类	说明
2	物质环境	自然环境
		人造环境
3	健康的发育状态	人生早期阶段形成的健康基础
4	个人的生活方式	如吸烟、酗酒、滥用药物、不健康的饮食习惯、缺乏体育运动等不良生活方式是当今人类健康的重要威胁
5	个人的能力和支持	具有健康生活的知识、态度和行为，处理这些问题的技能，是影响健康的关键因素
6	人类生物学和遗传	健康的基本决定因素
7	卫生服务	维持和促进健康的基本保证

从表中可以看出，健康问题已经涉及人类社会生活的方方面面，健康问题是一个综合性的社会问题。从侧面也可以说明影响健康的因素存在于人类生存和发展的各个环节中。

一、行为因素和生活方式

随着社会经济的高速发展，影响人们健康的首要因素是不良的行为和生活方式。精神疾病、性传播疾病、自杀以及许多慢性病（肥胖症、高血压、糖尿病）无一不和生活方式及行为有关。我国专家对一组心脑血管疾病的高危人群分别进行了长达三年有效的行为和生活方式指导后，证明患者的患病率分别下降了 20%与 18%。所以，不良的行为和生活方式会直接或间接地给健康带来不利影响。在日常生活中，多注意修止自己的行为和生活方式会给健康带来积极的促进作用。

（一）行为因素

人类的行为是指由于外界环境的刺激使有机体产生的反应，它包括心理变化和生理变化两种。虽然人类表现出的行为错综复杂，但是其规律基本一致。正是因为人类同时具备社会性和生物性，所以人类的行为分为本能行为和社会行为。

人们的社会行为是人与周围环境相适应的行为，是通过社会化的过程确立的，几乎所有影响健康的因素都与人们的行为有关。例如：抽烟会引起肺部癌变，心脏病和心血管疾病紧密相连。而像吸毒、酗酒等不良的行为也会严重影响人类的健康。

（二）生活方式

生活方式是一种由文化继承、社会关系、经济地位和生活环境等多种因素相互作用而形成的一种特定的行为模式，受人体个性特征和社会关系的制约。生活方式也被称为生活习惯，它包括饮食习惯、社会习惯等，部分人正是受社会和不良文化的影响，养成了不良的生活方式，导致了很多疾病产生。日常生活中只要注意科学、合理的补充膳食营养，积极进行运动锻炼，不抽烟、不吸毒、不酗酒，就能给健康带来极大的保障。

二、环境因素

健康不仅是指个体精神和体质的健康，还指人体和自然环境、社会环境的高度协调，健康和生活环境与人类的发展紧密相连。只有整合和平衡好目前或者以后的生活环境和健康之间的关系，提高了生活质量才可以谈发展，这也是人类探索健康生物学的基础。

（一）社会环境

社会环境包含社会制度、经济、文化、教育、职业、法律等，社会制度能保障一切与健康相关的政策、资源。经济的发展决定着人们的衣、食、住、行；文化决定人们的健康观念；职业决定人们的劳动方式和劳动强度；法律、法规能保障人们对健康权利的维护。

（二）自然环境

自然环境是人类赖以生存和发展的各种天然或人工改造的自然因素的总称。它包括大气、土地、水、森林、矿藏、野生生物以及各种自然和人工区域（自然保护区、风景名胜区）、自然及人文遗迹等多种因素。它们组成了人类的生活环境，影响着人类的生存与发展。而自然界中直接影响生态系统的平衡与发展的并且与人类的生活环境密切相关的环境因素，被称为生态环境。在自然界中，每一种动植物群体都需要有一定的生存环境条件，如气候、土壤、地理、生物、人为条件等。这些环境条件与人类的关系是对立统一的。一方面，人类的生存和繁衍依赖于环境；另一方面，当环境作用于人类、服务于人类时，又直接或间接地受人类活动的影响。因此，符合自然和社会发展规律的人类活动，能够改善环境；违反自然和社会发展规律的人类活动，会使环境恶化。

三、生物学因素

（一）遗传

遗传是先天性因素，父母的健康状况、种族的区别以及生活环境等因素都会给下一代的健康带来很大影响。目前，科学已经发现的人类遗传性疾病与遗传性缺陷将近3000种，占人类所有疾病的1/5，遗传因素在人类健康中的影响巨大。我国目前新生儿缺陷总发生率居高不下，另外，像高血压、糖尿病、肿瘤等病情的发生也和遗传因素有很大的关联。

（二）个人的生物学特征

个人的生物学特征包括：人的性别、年龄和健康状态。在同样的危险因素下，不同的生物学特征对人体健康的影响也不完全相同，如男性和女性、身体虚弱和身体强壮的人所呈现出来的状态迥然不同。

四、体育运动

身心健康不仅能保证人类健康地发展，还是人们正常生命活动的需要。现代社会中，大众体育的蓬勃兴起以及全民健身运动的广泛运用，在人们身心健康的发展过程中起到了不可替代的作用。

现代社会中正是由于人们生活方式和劳动方式发生了变化，运动缺乏成为影响人们健康的首要因素，正因如此，科学运动的健康价值在社会发展中彰显着越来越重要的作用。竞技体育的魅力使得人们越来越重视体育运动在生活中的重要作用。体育运动对人类健康的作用和意义也成为学者们的研究热点。国家目前实施的“全民健身”和“阳光体育”工程也都是以提高国民健康素质为出发点的。

五、营养因素

健康的首要条件就是一定要保证营养摄入的均衡，不管是营养过剩还是营养缺乏，都不利于健康。人们日常摄入食物的热量以及食物的营养结构很大程度上会对人体的体质起到决定性的作用。其中，食物的营养结构主要是分析食物中所含的营养比例的合理性，人体摄入食物的热量则决定了其能否够维持人体基本的生命功能。

六、卫生服务因素

卫生服务的主要功能可以从两个方面来讲，即社会功能和保健功能。为了更好地降低人群的发病率和死亡率，医疗卫生服务一般会通过预防保健、治疗、康复以及健康教育等多种措施来保障人群的健康。进而，还多方位地通过心理、生理及社会保健等措施，来提高生命质量。

随着社会经济的发展及人们生活水平的提高，卫生服务的首要任务不再是治病救人，而是要大力促进人群健康。为此，可以把医疗保健列入社会保障体系中，积极发展卫生事业也是促进社会发展的重要方面。

七、卫生保健服务因素

现代社会能够为大众健康提供设备健全、服务良好的医疗卫生机构，还能够根据不同人群的需求提供专业系统的卫生服务，这不仅仅能为人类保护健康、延长生命，更重要的是具有提升社会整体健康水平的作用。反之，如果人们的健康得不到及时有效的保障，社会经济和发展同样会受到不利影响。目前，卫生服务的投入与效益还不能达成正比，人们个体对卫生服务的需求是决定卫生服务投入效益的重要因素。因此，我国健康事业发展的重要内容之一就是我们大众个体能够充分利用卫生服务系统。

第二章　健康促进的基本理论

第一节　健康促进概述

一、健康促进的概念

早在20世纪20年代，美国公共卫生文献中就出现了“健康促进”一词。那时健康促进的定义一直模糊不清，很多人对此并不是十分理解。目前，对于健康促进最确切的定义源自于《渥太华健康促进宪章》。它对健康促进的定义是：“健康促进是促使人们维护健康和改善他们自身健康的过程”。而前世界卫生组织干事布伦特兰对于健康促进的解释更为明确，他认为：所谓健康促进就是让人们明白和理解要在任何时间、尽一切可能将自身的精神和身体保持在最佳状态。其目的和宗旨是指导人们保持健康的体魄，养成健康的生活方式，并且有做出健康选择的能力。

二、健康促进的内涵

对于健康促进理论的内涵，多年来人们有较多的讨论。其中一种意见认为其包含四点内容。

第一，目前健康促进不仅仅只是服务于卫生领域，还被应用到了社会的各个领域中。所以，健康促进领域涵盖的疾病控制除了正常的医疗卫生服务，更应该和多部门、多学科的联合组织进行更加广泛的合作。

第二，随着健康促进被越来越多地被应用到社会的各个领域，其对人们的健康生活也有了更加广泛的影响，而不再只是单独地针对疾病的某些不利因素。

第三，健康促进主要是直接作用于影响健康的病因或危险因素的活动或行动。

第四，健康促进特别强调个体与组织的积极有效的参与。

健康促进理论的执行被认为是一种积极的生活方式，能够引领个人、家庭、社区及社会向增进安宁、幸福及提高健康潜能的行为目标前进。

青少年健康促进的内涵更强调把所有有利于发展和促进青少年健康的因素联合起来，形成规模化的组织，增加更为广泛的合作。人们为了更加有效地促进健康，可以把学校的目标人群分为两个级别来管理。第一，就是以多数学生群体为目标的一级目标人群；第二，就是指以校领导、教职工、学生家长、社区领导为主的二级目标人群。要通过分化细节以多方开展学校的健康促进工作，从而在多方面保证为学生创造安全、健康、积极、向上的学习环境，并提供合理的健康指导。

综合来讲，健康促进是指运用经济、法律、教育、组织等手段，有效地干预有害健康的生活方式、行为和环境，提高人们参与运动的积极性，以促进身体健康。其目的在于从根本上消除人类不良的行为，努力改善预防性服务，维护、创造良好的社会与自然环境。

第二节　健康促进研究现状

一、健康促进理论研究与实践现状

相对于我国来讲，国外的健康促进与健康教育的实施和起步的时间要早一些，美国早在 19 世纪时就在公立学校体育课程中开始实施卫生教育，公共健康文献上也出现了健康促进一词。1986 年第一届健康促进大会在渥太华召开，会议中发表的《渥太华宣言》确定了健康促进的概念，这标志着健康促进的研究进入了一个全新的历史阶段。

1997 年《雅加达宣言》指出健康促进的重点不仅仅是要提高社会健康

的责任感、增加对健康发展的投资力度、巩固和扩大健康领域的伙伴关系，还要增强社区的能力并赋予个体权利，从而保障健康促进所需要的基础设施。

国外比较推崇并且普遍采用社区健康促进模式，如拉菲利（Laffery）健康促进模式就是以社区为单位提供健康促进服务的，从个人延伸、扩展到家庭、群体、社区，乃至整个社会。其内容是有利于提高生活品质的，包含了生理、心理（精神、心灵）和社会的安适状态等方面的促进工作，目标是使社区居民达到最理想的健康状态。

国内外对于健康促进生活方式的评价也有许多研究，主要有：Laffery的健康概念评量表；Walker 与 Pender 制定的健康促进生活方式评量表（HPLP）及该表的修订版（HPLP－Ⅰ和 HPLP－Ⅱ）。目前，HPLP－Ⅱ在美国、日本等地已被广泛应用，一些研究数据也显示该量表具有良好的信度系数。

20 世纪 80 年代，我国健康促进的实践起步于城市健康教育工作。20 世纪 90 年代，卫生部开展创建国家卫生城市的活动，颁布了《中国城市实现“2000 年初级卫生保健”规划》，这极大地推动了城市社区健康教育与健康促进的发展。自此，国内开展了有关健康促进的一系列研究和实践，涉及生活方式、膳食结构、环境卫生、心理状态、体力活动和身体锻炼等方面，为促进我国国民体质健康起到了重要作用。“健康促进”作为体质健康研究领域的专有名词，是一个综合性的复杂工程。一般人们认为的健康促进模式包含平衡膳食、科学运动、保持良好的心理状态等具体内容。但目前应用于改善身体代谢功能、发展体能的良好膳食模式和身体活动方案的可操作性不强，还不能全面解决健康促进的问题。

二、青少年健康促进研究现状

青少年是国家的未来和希望，各国普遍重视他们的身心发展。我国学校教育的发展战略更是把青少年全面健康成长作为重点，并为此进行了长期不懈的努力。要提高我国青少年的体质健康水平，应从多个不同的社会领域、视角和层面进行综合研究，解决关键技术，针对薄弱环节，有目的地对青少年实施有效的健康促进。这是一项长远的战略目标，又是一项紧迫的现实任务。

三、健康促进的实施策略

实施健康促进要通过一系列的策略来完成，所以策略制定得是否科学、合理直接影响到健康促进的实施效果。

（一）健康促进策略的制定原则

健康促进策略是人们为了确保顺利达到健康促进的目标而采取的促进措施。策略的制定是一项关键且难度大的工作，因此，才会把策略称为“健康促进的艺术”。

1. 策略的整合性原则

策略的整合性原则是指：在实施某项策略时，不能只单独地为某一项活动设计专项策略，一定要避免“专事专供”的行事原则，应在宏观层面上整体考虑事情的效果，结合多种策略的优势，多方发展，从而形成一个策略整体，以更大程度地发挥策略的作用。

2. 策略的可行性原则

策略的可行原则是指：在实施策略时，为了保证策略最大程度的有效性和在执行过程中的可行性，通常为了事先检验策略运行时所必须具备的人力、物力、财力程度，会在即将执行此策略的领域和人群对象中进行预备实验。

3. 策略的发展性原则

策略的发展性原则是指：在实施策略时一定要以策略最合适为宜，在执行时以最容易达到目标为准，结果以数据分析最需要为适。因此，一定要充分运用创造性思维来设计策略。

4. 策略的针对性原则

策略的针对性原则是指：设计策略时要根据“就事论事”的针对性原则，为确保顺利达到健康促进的目标而制定具体的措施。因此，制定者首先要明确审查策略与目标之间的逻辑关系，保证实施健康策略时能够按照预定的目标顺利进行。

（二）健康促进策略的实施

1. 营造支持性环境

世界卫生组织曾明确指出：有利于健康的支持性环境，能保护公众的健康免受威胁，使公众发展健康能力并能自立。

通常，环境因素可分为软环境和硬环境两种，具体来说，像人们的生活氛围、生活习惯、健康意识、行为习惯等各种抽象的意识通常被称为软环境；具体的地域、空间和设施则被定性为硬环境。所有软性、硬性环境所具备的因素，都会在不同的程度和方式上对健康促进的行为起到积极的改善和支持作用。

良好的环境能促使行为动机实现的概率大大提高，进而会生成新的、良好的行为方式。对行为方式规范得越多，对健康有不利影响的因素就会减少得越多，健康促进达成的目的性相对来讲就会大大增强；反之，则会有助于多种不利于健康的因素滋长。

2. 发展个人技能

通常人们把个体在认知和体能上是否能够自如地掌握并能妥善处理问题和快速适应、改变环境的能力统称为个人技能，具体是指个体在遇到问题、难题时，实际是如何正确地判断问题、解决问题，如何激发自我意识的创造性、强化沟通的技能，以及控制情绪的综合表现等。

健康促进中不可缺少的重要策略就是健康教育，通常它会以理论和方法的形式融入教育学和行为学当中，潜移默化地影响人们的健康目标，使人们能深层次地了解和认知正确的健康信息，通过自身或集体的努力来实现美好的健康愿望。具体的健康策略包括四点。

（1）为了提高人们对健康促进的积极性和主动参与性，应运用社区发展和人际传播的优势，促使更多的人认识到健康的意义，并愿意投入更多的精力来维护健康行为。

（2）在实施运作健康促进策略时，要多拿事实说话，运用具体的操作流程和真人示范等方法，提高人们参与健康促进的积极性，使人们灵活掌握多种健康促进的方法，并且使人们主动想要获取健康促进的知识。

（3）为了更高效地提高目标人群的健康知识水平，应利用人际传播技巧与大众传播媒介，有目的性、有针对性地把健康知识传播给目标人群。

（4）动员社区群众，最大程度的开发社区潜力，维护、推动健康促进工作。

3. 制定公共政策

公共政策包含了多方面的内容，原则上环境条件良好、能够建立起维护科学行为的方式、能够很好地控制与降低危险因素的条件均可纳入。

在制定“政策”的时候，为保证能够获得理想的效果，“政策”的内容一定要包括“严格执法”，不然即使制定了“政策”也不能代表健康促进的效果就必然显著。健康促进和人们的生活习惯、行为目的以及与其相应的技能、政治、法律和环境状况都有很大的关联，也受到现有的政策、制度以及某种组织性的制约。

4. 强化社区行动（社区组织和社区发动）

通常，在社区小众人群中往往存在良好的健康行为，可以通过他们的影响逐渐在社区内形成一种具有代表性的较为规范的行为；另外，再辅以小区环境和小区政策的支持，这种活动范围不大，且影响力不小的健康生活方式将成为一种社会新风尚，并且能在很大程度上影响人们的生活方式。

目前，国内外的成功经验证明，只采取单一的健康促进方法就想要改变全社区人们的健康状态的想法是不切合实际的，社区组织单一的健康促进方式只会对单一个体的行为有所改善，并不能带来影响范围面广的改观。由此可见，社区发动和社区组织同样都是十分重要的健康促进策略。

（1）社区发动是指活动前在社区内组织进行的宣传与鼓励策略，共包含三种含义：社区健康教育学的相关卫生工作者首先要向社区组织了解社区目标人群的健康所需；二者必须共同落实策略干预活动并进行相关评价；共同确定实施计划的目标以及关注实现目标的策略与方法，对于社区发动一定要注意因人施法，对于不同的人群要采取不同的实施方法。

(2) 社区组织是社区相关负责人和社区小部分群众为了便于高效地开展社区内部的部门合作和达到某种共同目标而组成的活动联盟组织。

5. 重组卫生资源

我国卫生工作的服务宗旨一向都是以预防为主，但在实际操作“预防”政策的时候，经常会受到一些制约因素的影响，从而使“预防”政策的实施结果不太理想。目前，卫生部门的预防工作作为实施健康促进的一项策略，工作的形式不单单只是健康教育和健康促进，还应该积极地延伸、倡导，用有力的事实和结果来证实，以更好地保证“预防”政策实施的积极氛围。

（三）健康促进策略的评价

对健康促进策略的评价是一项从全方位控制、检测健康策略方案的设计、实施是否成功的必要措施，同时也是规定标准与客观标准相互比较的重要依据。在具体实施健康促进策略方案的过程中，人们检测、衡量策略成功与否的标准就是是否严密执行了策略评价。

完整的健康促进策略一定要具备设计、实施和评价三个部分，三者之间的关系紧密相连又相互制约，环环相扣，相互促进。制定策略的目的是研究目标人群的健康问题以及相关的健康特征，根据研究形成相应的理论假设和问题方案，并制定出解决此问题的方法和一系列的具体步骤，为顺利实施健康策略奠定理论基础，同时还要为策略的评价提供科学依据。

四、健康教育和健康促进的相关学科

健康教育与健康促进的研究领域广泛涉及人们日常生活的方方面面，在众多卫生及非卫生领域中，它涵盖了社会学、医学以及行为科学与人文科学等，且各个学科的研究内容相互影响，紧密相连，缺一不可。其中与健康教育和健康促进关系尤为密切的主要学科有健康心理学、社会医学、健康行为学、运动人体学科等，这些学科在内容上相互补充并且研究成果一致。

（1）预防医学

预防医学的研究对象主要是群体，它依据以预防为主的思想，再应用其他基础医学、环境医学等方法来研究自然因素和社会因素对健康的影响以及对疾病的作用。从理论上来讲，健康教育和健康促进实质上是属于医学范围的。在健康教育和实施健康促进的实践过程中，尤为强调现代流行病学以及统计学在实践过程中的应用。在青少年卫生、妇幼、环境等众多学科的主要理论和知识的实践中，健康教育和健康促进学科是相辅相成、相互作用的。

（二）健康心理学

健康心理学实际上是在行为医学的基础上衍生出的一个新的心理学分支，随着“全民体育”的健康观念不断深入人心，以及社会环境对人们产生的积极影响，在研究心理和社会因素对健康产生影响的同时，要提供心理保健的依据以及具体的实施措施，最大程度地预防或减轻一切会对心理健康产生不利影响的因素，全方位增进身心健康。从某种意义上来讲，健康心理学是心理学和预防医学发展的必然产物。

（三）健康行为学

健康行为学是最近几年因为全民体育观念的深入人心、随着健康教育需求范围的不断扩展而发展起来的新兴学科。从大的方面来讲，健康教育和健康促进的基础学科是健康行为学，或者说是健康行为学一门新的分支学科。它主要研究人类健康与疾病之间相互发展的规律以及影响其变化的原因，观察行为对于理论的改变状况和对社会行为的规范途径。

（四）健康教育学

单从字面上理解，健康教育的意思是指健康与教育的有效结合。人们从接收健康知识到认知健康理论、直到为了健康的理念改变行为的过程，本身就是受教育的一种行为。教育是教与学的实践过程，有必须遵循的原则且必须按照特定的规律运行。教育讲究理论和实践的有效结合，教育工作者一定要从根本上了解被教育群体的切身需求以及文化水平，对不同的人群采用不同的教育方法、设计不同的教育内容，因材施教，并及时地进行跟进和测评来检验教育成果。

（五）社会医学

社会医学主要是指人们从社会学的角度来研究医学问题的一门学科，其主要是研究社会因素与人们个体、群体之间的健康、疾病相互作用的规律，借鉴社会医学问题所侧重的理论性和方向性思维，制定多种社会措施，用以增进人们的身体健康和提高社会活动的能力。目前，人们对社会医学概念的认知各有不同，相应地各位学者的研究重点也大不相同，所以在此研究领域也会出现多个不相同的名称（公众卫生学、社会卫生学等）。

（六）健康传播学

健康传播学在传播学中属于一个全新的研究领域，其主要是研究健康信息的传播活动、健康信息的发展规律、影响传播效果的因素以及传播策略的选择。随着互联网技术和社会经济的高速发展，社会效益和信息传播功能也发生了翻天覆地的变化。当代大学生必须要学习现代科学的传播技术，研究和运用好健康传播的理论和方法，以便更好地使健康传播在健康教育和健康促进中发挥重要作用。

（七）运动人体科学

运动人体科学是体育学的一个分支学科，它涵盖了运动生物化学、运动生理学、运动解剖学、运动医学和运动生物力学等体育科学中有关人体的众多学科领域。运动人体科学属基础应用型学科，该学科主要是运用自然科学的手段，研究运动时人体变化的基本规律，以及运动对人体组成、代谢、机能等的影响规律，寻找提高人体机能和健康水平的运动方法，为全民健身和竞技运动提供科学依据。随着人们对生活方式与健康关系认识的日益深入，运动在健康生活方式中的地位越来越受到重视。因此，运动人体科学的研究势必会为健康促进提供更多的改变人们个体健康、增强个体体质的重要依据。

第三节　大学生健康促进的基本构成

由于人们体质的不同，在制定促进健康的方法时应因人而异。健康促进的指导者要了解被指导者，要对他们的个人不良行为进行正确的调整和指导教育，从而循序渐进地达到提高体质水平、促进身心健康的目的。综合来讲，人体健康来源于多方面的因素，平衡、营养的饮食，良好的心理状态以及科学、合理的运动都是促进人体健康的重要因素。

一、生长发育

（一）生长发育的概念

生长过程从理论上讲是细胞的裂变、繁殖、增大以及各细胞间质增加的过程，具体表现为身体各部位的组织、器官以及全身关节、骨骼的大小、长短和重量的增加与身体化学组成成分发生的一系列变化。

发育的过程则是人体各器官、组织和系统功能经过一系列分化和不断完善，智力、心理得到充分锻炼，以及人体从初始状态发展到成熟状态的过程中，所发生的一系列变化。

虽然生长和发育的概念和内涵不同，但两者相互依存，生长是发育的前提，发育是生长的结果，前者是量变过程，后者是质变过程。

人体生长发育到成年时趋于成熟，人体一旦成熟就意味着生长发育结束。成熟具体是指人身体各部位的发育达到了一定的水平，如：身高、体重的增加，牙齿骨骼的钙化完成，身体各器官的基本完善，以及性器官具备了繁殖后代的能力等。

（二）生长发育的一般规律

1. 生长发育的量变和质变过程

生长发育是从出生后开始算起，经婴幼儿、儿童、少年、青年、壮年以及老年六个生命生长及老化的整体过程。人体在儿童及少年阶段，身体形态与成年人比相对较小，身体的机能和器官系统的完善度与成年人比有本质区别。人体的生长发育是从微小的量变到根本的质变的复杂过程，身体在完成结构和功能的生长和成熟的同时，体积也在不断地增加。人体在生长发育的过程中还有一种现象，其从量变到质变的过程并没有明显的界限、但又不是没有区别，就是大脑的发育。大脑在生长过程中，脑的思维记忆和综合分析能力在不断发展，即使脑的重量不再增加，但脑部的功能还在逐步完善。

2. 生长发育的连续性和阶段性

生长发育在人体发育成熟前，是一个持续的过程，短期虽然看不出明显的变化，但是身体却自然地按照一定的变化程序呈现出阶段性发展的特点。在神经系统和运动器官的发育过程中，随着人体形态的变化，动作技能也逐步得到完善。在婴幼儿时期最早发育的是头部运动，例如抬头和转动头部；接着是上肢运动，例如抓物；再就是躯干运动，例如直坐、翻转；最后才会发展到下肢运动，例如站立和行走。人们称这种从头到脚的发展过程为“头尾发展规律”。在这种规律发展的过程中，头颅发育早于躯干发育，躯干发育又早于四肢发育，神经系统将优先于运动器官得到发育的机会，从而对语言、智力和身体各种生理活动的发展有很大的益处。

人体在生长发育的过程中除了“头尾发展规律”这一特征外，还有另一特征，就是向心发展的特征，这一特征主要表现在青春期生长的突增阶段，这个时期身体各部位突增的顺序是先远后近的。第一个突增的是足部，最先停止增长的也是足部，六个月以后开始突增的是小腿，接着是大腿，骨盆宽和胸宽也依次突增，躯干的长度是从青春期后期开始突增的，最后开始突增的是胸壁厚度。一般在大腿突增之后、骨盆突增之前，上肢也会基本按照向心的特征开始突增，它的顺序为：先是手，接着是前臂，最后是上臂。

3. 生长发育的波浪式规律

生长发育不是匀速直线上升，而是时快时慢的波浪式发展。人由生到死可分为胎儿期、婴儿期、幼儿期、童年期、青春期、青年期、成年期、老年期。从生长发育的角度而言，人有两次快速生长发育的时期，即胎儿—婴儿期和青春期，如图 2-1 所示。

人体两个生长发育期的特点完全不同，胎儿—婴儿期主要是人体从一个头部偏大、躯干较长、四肢短小的胎儿，发育到身体各部位比例都比较匀称的儿童时期。

青春期发育也被称为第二次突增期，这个时期是人体由儿童发育到成人的过渡期，从体格突增开始，到躯干停止生长、骨骼完全愈合、性发育成熟结束。一般认为，青春发育期开始的时间为：男性骨龄 13 岁左右，女性骨龄 11 岁左右。

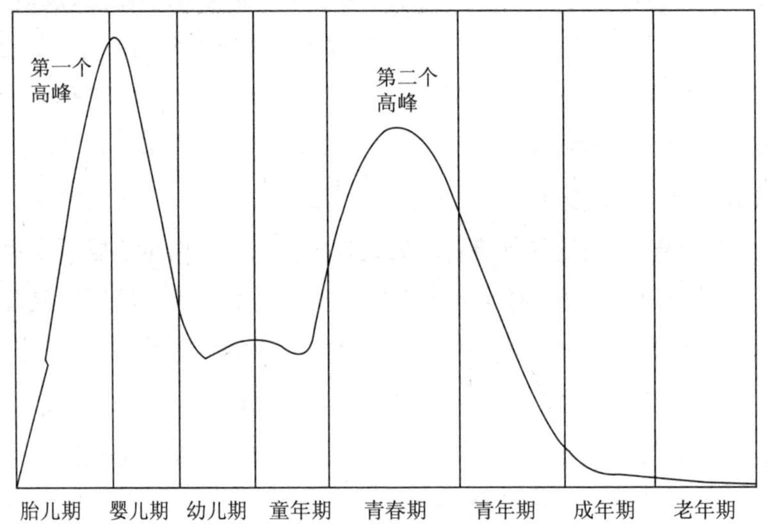

图 2-1　人体生长发育两次高峰

青春发育突增期有如下四个特点。

（1）身高年增长值明显增加，平均在 7~9 厘米。

（2）体重明显增加，体形趋于成人化。

（3）内脏器官趋于健全。

（4）生殖器接近成熟，出现第二性征。

第二性征也被称为副性征，是指除生殖器以外的身体其他部位所表现出来的性别差异，如阴毛、腋毛、喉结、胡须、乳房、月经、遗精等，这是性发育的外部表现。

人的第一性征也被称为主性征，指的是两性之间不同的生殖器官特征。这在人刚出生时就形成了，有阴茎的是男孩，有阴道的为女孩。而第二性征是在性激素的作用下所发生改变的人体特征。

受性腺激素的影响，青春期时的男女两性会出现一系列的性别特征。在青春期以前，性腺在体内一直处于休眠状态，一旦进入青春期，性腺会开始复苏，它所分泌的激素——性腺激素，是决定青春期男女第一性征和第二性征的主要因素。

青春期后，少男少女的第二性征有明显的差异，女性主要表现为：乳腺迅速发达，乳房丰满而隆起，出现阴毛和腋毛，骨盆宽大、皮下脂肪增多、音调变高等；男性主要表现为：声音低沉、骨骼变得粗大，出现阴毛和腋毛，喉结开始突出，长胡须等。

（三）影响生长发育的因素

生长发育是指机体和遗传性、外界、适应性三者对立统一的一个过程。决定机体生长发育潜力的是来自于父母双方的遗传因素，但是遗传因素的潜力要依赖各种环境因素的配合，才能充分发挥。

1. 营养

营养是保证人体正常生长发育的物质基础，在人体的生长发育阶段，为了使同化作用超过异化作用，必须要有充足的营养做保证。这些营养素包括足量的蛋白质、一定量的脂肪和糖、各种矿物质、丰富的维生素和适量的微量元素等。

热量和蛋白质是生长发育的物质基础，缺乏会造成营养不良，尤其是对大脑发育的影响很大。脂类物质尤其是磷脂，能参与生成神经细胞和其他组织细胞。维生素是促进生长发育的重要原料，如维生素 D 能促进钙磷代谢，有助于骨骼发育；维生素 C 不但能促进成骨细胞和成齿细胞的生长、维护儿童牙齿釉质和骨髓的发育，而且能促进儿童免疫系统的生成。微量元素对儿童生长的作用也很重要，如锌可参与人体内 50 多种重要代谢酶的代谢活动，协助合成核酸和蛋白质，锌缺乏会导致儿童血液内雄性激素水平下降，引起性器官和第二性征发育迟缓，严重者则表现为侏儒症。

营养不良固然有害，但营养过剩同样会妨碍儿童的生长发育。肥胖给儿童带来的健康问题也越来越严重了。

2. 遗传

遗传因素对人体生长发育的影响是毋庸置疑的，但是受遗传因素影响最大的部位有：体形，骨龄、齿龄，躯干和四肢。不管生活环境怎么变化，遗传因素一直存在，即使在良好的环境下长大的孩子，其成年以后的身高、体形在很大程度上也取决于遗传因素。

3. 疾病

任何急、慢性疾病对儿童、少年的生长发育都有一定的负面作用，其影响的大小取决于病理变化的部位、病程的长短以及病情的严重程度，假如身体某些器官发生器质性改变，必然会影响其全身的机能，并会打破新陈代谢的正常规律，影响人体的生长发育。严重的慢性病、流行病和感染性疾病，对儿童、少年生长发育的影响更大，如乙型脑炎、脑膜炎、中毒性痢疾、中毒性肺炎、小儿麻痹症等，由于疾病侵犯大脑皮层细胞，会给儿童、少年的智力发育带来不可逆的损害；再如大骨节病、重症佝偻病、1 型糖尿病、先天性心脏病、内分泌障碍性疾病等，由于抑制了下丘脑、垂体、性腺等内分泌功能的正常发挥，会影响儿童体格和机能的发育。

4. 气候和季节

非洲地处热带，需要比地处欧洲的人散发更多的热量，因此上、下肢较长；在北极地带生活的人群腿短胸壁厚，这样在寒冷的气候中更容易保温。群体遗传学研究结果表明，不同人群的体重、身高指标与其生活所在地的年平均气温的高低有关。种族之间在生长发育上的差异本身就是人类在长期进化过程中对环境（包括气候）的适应性反应。

不同季节的温度、光照等外界刺激通过对皮层和皮层下某些中枢神经系统起作用，会影响内分泌腺体的激素分泌活动，所以说季节会对生长发育有一定程度的影响。综合来讲，身高在春季增长最快，体重在秋季增长最快。科学研究表明，身高增长最快的是 3~5 月份，而此时新的骨化中心出现的个数要多于身高增长较慢的月份。

5. 社会环境

社会因素对儿童、少年生长发育的影响是综合性的，包括经济状况以及与之有关的营养、居住、医疗、体育等条件。据国外早期的调查表明，富裕家庭的子女比同龄的贫寒家庭的子女身高平均高出 3 厘米，多子女家庭的子女也比独生子女家庭的子女平均矮 2 厘米。

城乡差别也是社会因素对生长发育影响的表现。据上海市的统计结果显示，城市学生青春期生长突增的开始年龄和月经初潮的出现年龄都比农村学生提前一岁。而且国内外的调查也表明，城区儿童的发育水平高于近郊区，近郊区儿童的发育水平又高于远郊区。

心理因素也会导致儿童出现生长发育障碍，如缺乏家庭温暖或遭遇歧视会给正处于生长期的儿童造成精神创伤，从而使其出现生长发育迟缓、身材矮小、情感障碍等现象。这主要是不良环境对中枢神经系统形成了长期的恶性刺激，导致下丘脑分泌的生长激素和释放的激素不足而引起的。经一系列的调查证实，改变恶劣环境后的儿童的生长速度会大大加快，有些最终可达到正常的生长发育水平。

近年来，环境污染也被认为是影响儿童、少年生长发育的重要社会因素。

6. 体育锻炼

生长发育期内增强体质和促进身体发育的最有力的因素就是科学的体育运动和合理的体力劳动。遗传特征能使机体自然增长，科学的体育锻炼也可以作为改善自身潜能的有效手段，还可以利用各种营养物质，充分发挥机体的生长潜能，促进人体新陈代谢，提高机体免疫水平，全面地提高人体机能的发育水平。

（四）生长发育健康促进

生长发育的健康促进首先应遵循生长发育的规律，充分利用自然增长的机会和潜力，改善不利于生长发育的影响因素。这是儿童、少年健康成长的重要保障，其具体表现如下。

第一，优生优育已经引起人类极大的重视，保证父母拥有良好的生活习惯、无遗传性疾病和健康的体质是儿童良好发育的重要前提。

第二，科学合理的膳食是保证儿童良好发育的重要基础。

第三，适宜的体育运动可以通过调节机体的新陈代谢、改善神经系统与内分泌系统的功能机制，对儿童、少年的生长发育会产生有利影响。

第四，青少年可以通过合理的体育运动来调节身体机能的新陈代谢、改善神经内分泌系统，促进身体生长潜能的最大限度发挥。

第五，保持儿童、少年良好的心理状态和生长环境是非常重要的。

二、生活习惯

（一）生活习惯的概念

生活习惯是构成生活方式的重要因素之一，也被称为狭义的生活方式，一般包括衣、食、住、行以及闲暇时间的利用等。

在青少年时期能够养成良好的生活习惯，不仅会对当前的健康状况有积极的影响，而且对未来一生都会有极其重要的作用。

（二）生活习惯评价

1. “莱斯特” 健康生活习惯

美国加州大学公共健康系莱斯特·布莱斯诺博士和他的研究组经过9年的追踪研究，证实正确的日常生活方式对身体健康产生的影响要远远超过药物对健康的影响。因此，莱斯特博士建议要养成以下有助于健康的生活习惯。

（1）规律的早餐。

（2）严格控制体重（不低于标准体重的10%，不高于20%）。

（3）规律、合理的锻炼。

（4）每日保证充足的睡眠。

（5）少食多餐。

（6）不抽烟。

（7）不饮或少量饮低度酒。

（8）每年至少检查一次身体。

2. 青年人健康生活方式

有学者将有利于健康的生活方式总结为以下九点。

（1）吃得正确。保持饮食平衡和饮食有规律，会有助于现在的健美和将来的健康。

（2）喝得正确。喝干净的水，不要过量饮酒。

（3）不吸烟。如果你想健美有吸引力，请别吸烟。

（4）适当放松。运动、听音乐、欣赏艺术、阅读、与其他人交谈都很有益，并可帮助你成为兴趣广泛的人。

（5）积极自信。富有创造性，珍惜青春。

（6）知道节制。遇事能三思而后行，这样大部分事故是可以避免的。

（7）负责的性行为。了解自己的性行为并对此负责。

（8）进行科学的运动，可获得健康。

（9）千万不要吸毒。

3. 生活方式问卷

W. E. Prentice 于 1999 年建立了生活方式自评量表，可用于对青少年生活习惯的评价。

该表从六个方面进行评价，即：人们的饮食习惯、安全习惯、运动锻炼习惯、应激控制能力、抽烟、喝酒以及药物使用情况。

量表由六个部分组成，共 24 道题，每个题目有 3 个选择（“一直”“有时”“从未”），每个选项对应相应的分值，学生可根据自己的情况在选项上画勾，计算出每个项目的总分值并进行评价，如表 2-1 所示。

表 2–1　生活方式问卷

	一直	有时	从未
1. 吸烟			
（1）我避免吸烟。	□	□	□
（2）我偶尔吸烟，且仅吸低焦油和低尼古丁的香烟。	□	□	□
2. 药物和饮酒			
（1）我避免喝酒。	□	□	□
（2）我一天喝酒不超过一次。	□	□	□
（3）当服某些药物（如安眠药、止痛药、感冒药等）时，我不喝酒。	□	□	□
（4）当我服药时，我遵循医嘱。	□	□	□
3. 饮食习惯			
（1）我每日吃各种食物。	□	□	□
（2）我少吃高脂肪的食物。	□	□	□
（3）我少吃含盐量高的食物。	□	□	□
（4）我避免吃太多的甜食。	□	□	□
4. 体育锻炼习惯			
（1）我保持理想的体重，避免过重或太轻。	□	□	□
（2）我一周至少进行 3 次有氧运动（如跑步、游泳、散步等），且每次 15~30 分钟。	□	□	□
（3）我一周至少进行 3 次以提高力量为主的运动（如健美操、各种力量练习等），且每次 15~30 分钟。	□	□	□
（4）我常利用业余时间参与个人、家庭或集体的活动（如打保龄球、球类运动等）。	□	□	□
5. 应激控制能力			
（1）我喜欢学习或其他工作。	□	□	□
（2）我发现自己容易放松和自在地表达情感。	□	□	□
（3）我常对可能有压力的事件和情景早做准备。	□	□	□
（4）我有亲密的朋友、亲戚，能与他们讨论隐私，并在需要时请求他们的帮助。	□	□	□
（5）我常参加集体活动。	□	□	□
6. 安全习惯			
（1）我睡觉前会检查门是否关好。	□	□	□
（2）我骑自行车或开车时不追求速度。	□	□	□
（3）我不乱穿马路。	□	□	□

续表

	一直	有时	从未
(4) 当使用有危险的物质或产品（如电线板开关、灭蚊子的药水等）时，我会很小心。	□	□	□
(5) 我从不在床上吸烟。	□	□	□

注：(1) 以上表格列出了有些人可能会有的问题，请仔细阅读每一条，然后根据自己的实际情况，在三个方格中选择一个画勾。

(2) 选择“一直”为2分，选择“有时”为1分，选择“从未”为0分。但你可能并没有意识到危险的存在。对于吸烟这部分来说，0~1分意味着你有健康方面的潜在危险。

（三）生活习惯与健康促进

建立良好的生活习惯可以有效地促进健康。

有学者用“HELP理论”来诠释建立良好生活习惯的必要性。HELP是由四个英文单词的首字母组成的，H = Health（健康），E = Everyone（每个人），L = Lifetime（一生），P = Personal（个人）。这一理论的含义是：Health是生命的根本，人们首先要对健康有正确的认知，而健康的机体来自于健康的生活习惯，养成并保持良好的生活习惯会有效地促进身心健康的发展，并使人具有良好的体质；Everyone即每个人都要认识到健康的重要性，在自身具有良好生活习惯的同时应该去影响周围的每一个人形成良好的生活习惯；Lifetime要说明的是健康促进的效果有可能会滞后显现，人们应该尽早地从生命早期就培养自己健康生活的好习惯，养成良好的习惯越早，身体受益的时间就越长久；Personal的含义是健康的生活习惯应基于个人需求，健康促进的指导者要了解被指导者，对他们的个人不良行为做出调整，健康促进的方法应因人而异，循序渐进，以达到增强身心健康、提高体质的目的。

三、平衡膳食

人体在维持生命和各种活动时均需要消耗一定的热能，所以营养是维持人类生命活动的基础，它主要起着产生能量、调节代谢、促进生长的作用。合理膳食、平衡营养是维持健康的重要因素。

1992 年在意大利罗马召开的全球性部长级世界营养会议上通过了《世界营养宣言》和《世界营养行动计划》，包括中国在内的 159 个国家的代表做出了庄严的承诺：要尽一切努力在 2000 年以前消除饥饿和营养不良。为实现这一承诺，中国政府采取了一系列政策与行动以消除饥饿、改善公众营养状况。近年来，我国经济建设得到了快速发展，民众的温饱问题已经得到解决。

在社会经济迅速发展的现代社会，我国民众的饮食结构发生了巨大的变化，但是由于很多人缺乏营养知识，致使一部分人的健康状况不容乐观。这部分人的饮食结构中鸡、鸭、鱼、肉的比重过大，绿色蔬菜过少，导致脂肪、胆固醇、纯热量过高，维生素及纤维素严重不足。这种不平衡的膳食结构，导致肥胖病、高血压、糖尿病以及心脑血管疾病等的发病率不断增加，并且发病的年龄越来越年轻。据目前一项调查结果显示，高血压症状在我国 12~15 岁青少年中的发病率已达 3.11%。

合理的膳食营养会促进人体健康，不管是营养过剩还是营养缺乏，均会对人体健康产生不利影响。合理的营养摄入主要是通过平衡膳食来实现的，平衡膳食是指：人体所有所需物质含量充足，并且基本营养素的配比适中。目前，不少国家和饮食机构都专门制定了膳食安全摄入量的标准与建议，用来作为饮食平衡的基本依据。

（一）膳食营养概述

营养是指人体摄入、吸收维持身体生长发育和组织更新的食物中的营养成分，食物中具有营养功能的物质叫作营养素。人体通过食物获取并充分利用营养，能为身体提供必需的能量，调节人体的生理功能。

目前一般把营养素分为六大类：糖、脂肪、蛋白质、维生素、矿物质和水。这些营养素参与机体组织结构的构建、能量的供给、新陈代谢及其内环境的稳定和调节等各种生理、生化反应和生命活动。人体在维持生命和各种活动时均需要消耗一定的热能，所以营养是维持人类生命活动的基础。

食物一直是人类摄取营养以维持生存和繁殖的唯一途径。营养学专家认为，人类的营养应尽量从膳食中获取。

（二）膳食营养评价

膳食营养评价最常用的方法是进行营养调查，其目的是尽早发现营养不足、营养过剩或膳食结构不合理等问题，并按照平衡膳食的原则进行改进，以维持能量代谢平衡，确保健康。

1. 营养调查的基本方法

营养调查的内容总共包括三个部分：第一，体格检查；第二，膳食调查；第三，生化检验。对于健康人群而言，最简便易行的方法就是膳食调查，所以此方法最为常用。

（1）体格检查是指调查卷通过体质检测评价被调查者的健康和生长发育状况，再通过问诊和体征观察了解被调查者有无营养缺乏病。

（2）膳食调查一般是统计被调查者一段时间内每人每日膳食摄入的具体种类和数量，利用食物成分表计算出每人每日膳食中各种营养素和能量的摄取量，并在此基础上与推荐的各营养素供给量进行比较，以判断这些营养素和能量的摄取是否适当、营养是否合理。

（3）生化检验是通过抽取被调查者血液与尿液中所含有的营养素及相关成分进行生化检验，从而来了解被调查者体内营养素的存储及代谢状况。

2. 膳食调查方法

膳食调查因方法简便，在营养评价中被广泛应用。膳食调查一般为3~7天。调查方法有记账法、称重法和询问法。在青少年膳食营养评价中，一般采取询问法。

（1）询问法膳食调查的具体方法是：通过面对面询问、电话询问或填写问卷的方法填写膳食调查表（见表2-2），再进行整理和计算。询问法膳食调查一般连续进行3~7天，取其平均数进行统计分析，以减少误差。

为保证调查的准确性，应在调查前对被调查者进行培训，指导他们进行正确和详尽的表述，尽量不要有疏漏。

表 2-2　膳食调查

姓名：　　　　性别：　　　　年龄：　　　　调查日期：　　年　　月　　日

餐别	食物名称	实际进食量	备注
早餐			
中餐			
晚餐			
加餐			

（2）膳食评价是根据已获得的平均每人每日各种食物的摄入量，对照食物成分表进行计算、分析，得出下列结果，并写出评价报告。

①每日各营养素的平均摄入量。

②各种营养素日平均摄入量占推荐的适宜摄入量的百分比。

③三餐能量分配百分比的分析与评价（见表 2-3）。

④三大能量营养素摄入百分比及与推荐百分比的对比（见表 2-4）。

⑤动物蛋白质占蛋白质的百分比。

⑥不同种类的食物摄入量。

表 2-3　某男少年三餐能量摄入

餐别	能量摄入（卡路里）	百分比（%）
早餐	376.2	15.7
中餐	992.3	41.3
晚餐	1 033.1	43.0
总计	2 401.6	100
评价：早餐能量摄入过少，影响上午活动，晚餐摄入过多，容易增长体重。总热能摄入不足。		

表 2-4　某男少年膳食中各产能物质占总能量百分比

产能营养素	重量（克）	能量（卡路里）	占总能量（%）	评价
糖	274.4	1 097.5	45.7	偏低
蛋白质	118.9	475.5	19.8	正常
脂肪	92.1	828.6	34.5	偏高
总计	485.4	2 401.6	100	—

（三）平衡膳食与健康促进

1993 年我国颁布的《90 年代食物结构改革与发展纲要》中指出：食物要多样，粗细要搭配，三餐要合理，饥饱要适当，甜食不宜多，油脂要少吃，饮酒有节制，食盐要适量。为了引导人们正确地选择食物，中国营养学会在 1998 年发布了《中国居民膳食指南》，具体包括八个方面的内容。

第一，食物多样、谷类为主。

第二，多吃水果、薯类和蔬菜。

第三，少吃荤油和肥肉，适量摄入蛋、瘦肉、鱼禽。

第四，保证每天豆类制品与奶类制品营养的适量摄入。

第五，保持合适的体重，体力活动与食量要保持平衡。

第六，吃清淡少盐的膳食。

第七，饮酒应限量。

第八，吃清洁卫生、不变质的食物。

专家制定的平衡膳食要点有以下九点内容。

第一，学会计算每日所需的热能，保证收支平衡。

第二，糖、脂肪、蛋白质摄入比例合理。

第三，三餐准时，早餐好，午餐饱，晚餐少。

第四，食物力求多样。

第五，节食时不要少水果、蔬菜。

第六，除心肾不全者，每日饮水 1.5 升，每次 350 毫升。

第七，学会计算自己的理想体重，并为之努力。

第八，学会烹调知识，少油炸，多清蒸，低盐，清淡。

第九，饮酒适度，戒烟。

合理的膳食结构是人体获取合理营养以维持良好健康状态的物质基础，只有各种营养素合理地搭配才能满足人体全面生理功能的需要。平衡的膳食结构有利于青少年的生长发育和身心健康发展。

四、科学的体育运动

我国的《中国大百科全书》一书曾把体育活动的概念定义为："通过进行一些轻松愉快的身体活动，来转移人们在日常生活中对压力的注意力。"

对于体育运动是否有益于健康长寿这个问题，人们存在着各种不同的看法。德国柏林科学中心社会研究所的国民经济学家格特·瓦格纳博士（1989）认为："良好的教育和稳定的收入很可能是养成有健康意识的生活方式和实现较高预计寿命的最有效的手段"。他坚持认为："人类不能根据经验来盲目证明，体育运动被作为一项改善健康的手段是否真的有效。""事实上多进行体育运动确实可以有效地提高身体素质，改善心脑血管及身体各组织器官的健康状况，延长人们的寿命，但是，另一方面也没有证据可以说明，运动的少就会生病，甚至会缩短寿命。"与之相似的观点是：体育锻炼不一定能健康长寿，不运动而长寿的人也不少。但大多数专家的研究表明，科学合理的体育运动能够使人获得健康。

研究结果证实，缺乏运动是心血管疾病、癌症和糖尿病的主要诱因，同时它也会导致体重增加和骨质疏松。运动是减少中风的有效手段；运动也能减少各种类型癌症的发病概率（如结肠癌和乳腺癌）；运动可以延迟并防止运动系统的异常，如骨质疏松、骨折、腰背功能性疼痛和颈椎病；运动对减轻轻度和中度的心理压抑症状及对心理健康有良好作用。

（一）体育锻炼概述

体育锻炼是指人们根据需要自我选择、运用各种体育手段，并结合自然力和卫生措施，以发展身体、增进健康、增强体质、调节精神、丰富文化生活和支配闲暇时间为目的的体育活动。体育锻炼是在劳动生产和人类思维发展到一定水平时才逐渐形成的。约在5000年前，人类进入父系氏族社会，原始的畜牧业、农业和手工业开始发展，逐步产生了强身健体的各种社会需要，为体育锻炼的形成创造了客观条件；同时，人类思维的进步，使人类逐渐意识到体育锻炼的意义，萌发了锻炼身体的愿望，这为体育锻炼的产生和形成创造了主观条件。

古希腊医学家希波克拉底认为“体育锻炼是实现健康生活的根本手段”。在当今社会经济飞速发展的背景下，工业生产、家庭劳动的自动化和交通方式的不断改进导致了人类坐位方式过多，因此运动不足成为亚健康和“现代文明综合征”最主要的根源。因此对于体育锻炼的功能，人们的观念逐渐发生变化，其政治功能被淡化，人们开始投入更多的精力来发展其娱乐功能和文化消遣活动功能。值得高兴的是，人们已经普遍接受了体育运动的健身功能，更多的人民大众已经从体育运动的观望者转变为忠实的体育运动实践者，体育锻炼作为强身健体的最佳保健手段，已经越来越受到人民大众的重视。

体育锻炼已经成为现代人改善身体健康的重要方式，也必将成为健康生活方式的稳定内容，会逐渐被每个社会成员所接受。

（二）体育锻炼对青少年身体机能的影响

1．体育锻炼对青少年生长发育的影响

适宜的体育锻炼会促进儿童、青少年身体形态的良好发育。国外有学

者对数百名从事体操、游泳等业余锻炼 2~5 年的少年与没有体育锻炼经历的同龄少年进行对比，结果发现有训练经历的少年的身高、体重、胸围年增长值显著高于对照组。一项对双生子的调查表明，爱好运动者的身高比少参加体力活动者平均高 4 厘米，体重重 3 公斤。研究证实，适当的跳跃训练有助于下肢长骨骨骺软骨细胞的良好发育；中等强度的体育运动有助于生长激素的充分分泌，这些都会对身高的增长有一定作用，尤其是在生长发育的第二次高峰时期进行相应的增高锻炼会有较为明显的效果。

体育锻炼会使肌肉群更多地收缩，消耗更多的葡萄糖和脂肪酸，加强新陈代谢，增加体重，改善身体成分，对生长发育有着重要的促进作用。

2. 体育锻炼对青少年生理机能的影响

（1）对神经、内分泌系统的影响

青少年进行适宜的体育锻炼能使大脑和神经系统得到良好的发展，对于提高神经系统工作过程的强度、均衡性、灵活性和神经细胞工作的耐久性都有益处。研究表明，儿童、少年运动员的视、听觉简单反应时间测试结果显著优于普通的儿童、少年。

（2）对心血管系统的作用

体育锻炼可以改善青少年心肌本身的兴奋性，使心脏冠状动脉血管扩张，增加营养心肌的血流量，提高肌球蛋白的 ATP 酶活性，从而使得心肌收缩力提高。还有研究表明，早期适宜的体育锻炼可以使血管弹性增强；在运动时，平时闭合的毛细血管会开放，循环血量会增加，有利于加强代谢功能。

（3）对呼吸功能的作用

早期体育锻炼可以使呼吸肌发达，肺活量增大，明显改善青少年的呼吸功能。瑞典学者安德森的研究结果证实，在青春期接受游泳训练的女孩较一般女孩的肺总容量大 12%，肺活量大 13.4%，最大吸氧量大 10.2%。

（4）对运动系统的作用

进行合理的体育锻炼可促使青少年的新陈代谢更加旺盛，有利于骨细胞的增殖，加速钙化，促进骨的生长，使管横径增粗，骨质坚实，骨重量增加。研究者通过 X 片观察到，青少年运动员股骨的皮质比普通青少年厚 0.5~3 毫米；骨松质的骨小梁排列也比普通青少年整齐，使骨能承受更大的压力。另外，运动可以明显改善骨的血液供应，使其得到充分的营养物质，从而使造骨过程加快。如前所述，跑、跳等运动对骨的压力是一种机械刺激，对骨发育有促进作用。

人体在进行体育锻炼时可以加速血液循环，使肌肉获得更多的营养成分，促使肌肉纤维体积增大、增粗，肌肉弹性增强，整个肌肉群更加发达，同时相应地增强身体活动的能力与耐力。

（三）体育锻炼与健康促进

体育锻炼是健康促进的重要组成部分，体育锻炼不仅能改善人的生理机能，对人的心理健康也有着重要的促进作用。例如，体育锻炼可以激发人的活力，运动的刺激性、宣泄性能使参加运动的人得到情绪上的改善，经常参加体育锻炼的青少年能够在锻炼中体验到运动的愉悦感，缓解由学习、生活所带来的压力。多人参加的运动，可以增加人与人之间互相交流、沟通的机会，可以培养团结、协作的精神，对身心健康有一定的益处。

五、良好的心理状态

心理健康是个体在各种环境中都能保持一种良好的适应能力和效能的状态。一个人不仅仅是生物体，更是一个社会成员，拥有健康的心理是一个社会人适应社会的首要条件。

心理情绪因素对生理上的健康有着十分重要的作用。现代心理医学研究证明，当一个人精神愉快、心情舒畅时，中枢神经会处于最佳的功能状态，在它调解下的内脏及内分泌活动就会处在平衡状态，这时的身体自然也就健康。

人类的情绪从大的方面来讲，总共可以分为两大类：一类是以喜悦、快乐、兴奋等为代表的愉快的情绪；另一类是以悲伤、沮丧、紧张、憎恨、焦虑为代表的不愉快的情绪。喜、怒、哀、乐、思、恐、悲七种感情是人类在面对外界环境时所做出的正常生理反应，一般的感情起伏不会对机体造成病理伤害，但是过度的兴奋和悲伤、波动大的情绪却可使机体产生疾病。国外长寿专家胡弗兰德认为：所有对生命不利的影响因素中，能对生命造成致命伤害的是恶劣的心境和不良的情绪。根据有关资料统计，在医院的门诊病人中，因为情绪不佳导致患病的占到76%，而因为情绪不佳导致肠胃患病的占到1/3。所以，保持良好的心情和健康的心理是获得机体健康的重要因素。

第三章　大学生运动促进健康的原理与方法

大学生正处在生长发育的最后定型阶段，规律地进行运动锻炼具有重要的意义，这不仅能提高大学生的身体机能，还会对一生的健康产生巨大的影响。

第一节　大学生体育锻炼促进健康的基本理论

一、体育锻炼对人体各系统的影响

（一）运动对心血管系统的影响

人体依赖血液循环实现与外界物质的能量交换以及体内物质的循环。血液循环质量的高低直接决定着生命的质量，心血管系统对人体的作用至关重要，积极参与体育锻炼对心血管系统的促进作用体现在以下三点。

1. 促进血液循环，防治心血管疾病

正常情况下，人体血液总量占体重的 8%。经常进行体育锻炼能够促进人体血液的重新分配，导致机能转换速度加快，从而保证在承受大的生理负荷时，人体能通过调节神经系统使肝脏和脾脏释放储存的血液，动员身体大量的血液参与循环，并保证肌肉活动时的血液供给。经常参与体育锻炼的人的血液总量能占到体重的 10%。

2. 改善心肺功能

人体心肌肌红蛋白的含量会因长期、规律地进行体育锻炼而大量增加，从而使组织的代谢能力显著增强，心脏的搏动更加有力，体重也会有明显的增加，心腔也会因为运动而增大，心脏的收缩能力也会随之升高，心容量也会由一般的765~785毫升增至1015~1027毫升。

3. 提高免疫功能

科学、合理地进行体育锻炼，对于人们强身健体的功效已经显而易见。人们长期进行规律的运动锻炼可以有效地提高血液循环的质量，增加人体血液的红细胞含量和血液总量。红细胞的增加和来自体育运动的有效刺激，可以大大改善人体红骨髓的造血功能。由于运动中人体的血液会对人体中具有免疫功能的白细胞产生较大的影响，运动后人体血液中的白细胞含量会明显增加，从而提高人体的免疫力。

（二）运动对呼吸系统的影响

人体的肺部和呼吸道构成呼吸系统，它们相互作用、共同活动，实现人体与外界的气体交换过程，排出体内的二氧化碳，为人体各项器官组织提供生理活动时的氧气供应。呼吸系统对维护人体健康发挥着重要的作用，具体如下。

1. 提高呼吸系统的机能水平

体育锻炼规律的人，在进行呼吸运动时机体会加大呼吸的深度，如此，就会减少呼吸的频率；由于人体呼吸肌功能的提高，肺泡的弹性也会加大，呼吸系统的整体机能水平会得到改善，这对保持身体健康和预防疾病都有非常重要的作用。

2. 促进呼吸器官结构的改变

人体参与运动锻炼时，若选择了运动强度大和节奏比较快的项目，肌肉会进行剧烈的运动，大量消耗体内的能量和氧气，同时也会产生大量的二氧化碳，人体为了及时代谢出体内的废气，呼吸系统只能加大工作量。特别是机体在进行大负荷的力量练习时，由于呼吸系统增加了呼吸的深度，机体对氧气的需求也会有很大程度的提高。所以，人们经常参与运动锻炼就会相应地提高呼吸系统的效率，肺部功能就会最大限度地参与气体交换，这不仅可以对肺泡的生长发育产生良好的促进作用，同时也能增强肺泡的弹性。

（三）运动对运动系统的影响

人体的运动系统是一个严密的运动组织，它由206块骨骼和400多块肌肉以及多处关节组织构成。人体所进行的任何运动都是由运动系统参与实现的，运动对于运动系统的良好促进作用主要有以下三点。

1. 促进结构机能的有利变化

人体在参与运动锻炼时，运动系统的肌肉、骨骼的工作量会明显增加，从而增加人体血液的供应量，加快人体对蛋白质和其他营养物质的吸收利用；同时还可增粗肌纤维，使人体骨骼、肌肉组织更加强化。

2. 提高关节的柔韧性和灵活性

长期进行运动锻炼的人，骨密度和关节面软骨的厚度会有不同程度的增加，关节周围的肌肉相对比较发达，使关节囊和韧带增厚，让关节的康复能力和稳固性显著增强。由于人体规律的运动锻炼了人体关节周围肌肉、韧带的弹性力度，从某种意义上来讲也相对提高了机体关节的灵活性。

3. 强化骨结构，提高骨性能

人们经常有计划性地参与运动锻炼，不仅可使运动系统发达，而且由于运动的刺激可以促使人体新陈代谢加快，增加血液循环的速度，骨结构的性能也会随之发生变化。会使骨质会更加坚固，承担的负荷量会更高，能刺激骺软骨的增生，对人体的增高有重大意义。

（四）运动对神经系统的影响

人体作为一个高级的多系统综合体，在多个不同器官的共同作用下，能适应外界环境的变化，保持机体的健康。不同的系统，工作分工大不相同，人体神经系统的主要功能是配合机体其他器官共同控制、调节内分泌系统的良性运转。机体经常参与运动锻炼可以有效促进神经系统功能的提升。

1. 提高神经系统的反应能力和灵活性

人们在参加大负荷的运动时，为了适应人体肌肉活动的需要，神经系统需要迅速调动全身各器官与系统的机能，使之活动起来。由于活动加强了人体神经系统的兴奋性、抑制交替转换的灵活性，这样可有效改善神经系统对全身各个系统的调节能力，并提高人体的反应度和灵活度，使人体在活动时的动作更加灵敏、协调。

2. 提高人体对环境的适应能力

经常参与体育锻炼的人相对于不进行运动锻炼的人而言，运动不仅可以增强体质、健美体格、提高精力、缓解压力、改善基础代谢率，还能刺激人体血管收缩反应的灵敏性，并且对体温的调节能力也会有不同程度的提高，同时可以帮助人们在环境温差变化大的刺激下迅速启动自身的防御保护系统，维护人体健康。

3. 提高大脑皮层神经细胞的耐受性

人们长期、规律地进行运动锻炼后，体质上的改善显而易见。规律的运动锻炼同时可以加速人体的血液循环和新陈代谢，锻炼可使大脑血流量明显增多、脑细胞得到充分滋养、快速消除神经疲劳，使大脑的活性更加灵敏，增强和提高大脑抗疲劳的耐受力，极大地增强大脑工作的时间和效率。

4. 延缓大脑组织的衰老

脑部神经被称为人体的“最高掌控者”，是人体的信息反馈器官，它需要不断的信息刺激才能更好地工作。当人体缺乏运动时，脑部器官长时间得不到有效的刺激，必然会出现反应迟钝和早衰现象。提高大脑的抗衰性和耐受力的最好方法，就是通过合理的体育运动不间断地给脑器官以良性的刺激，维护脑部中枢神经系统的活力，提高脑部神经的应激能力。人们在进行运动锻炼时，肢体上的肌肉骨骼可以把外围效应器的信息反馈给中枢神经系统，这能有效刺激中枢神经系统的活力和应变能力。

（五）体育锻炼对消化系统的影响

消化系统担任着为人体提供生理活动所必需的营养能量的任务，它通过分泌相应的物质来消化和吸收人体必需的能量，保障人体的健康和活力。进行运动锻炼能够加速人体的新陈代谢和提高人体消化液的分泌，提高食欲，增强肠胃系统对食物的消化和吸收能力，有效增加人体营养素的摄入，均衡人体必需的营养，为人们强身健体、增强体质保驾护航。

（六）体育锻炼对泌尿系统的影响

人体泌尿系统的主要功能是把机体在新陈代谢过程中产生的废弃物及时地输送到体外，以保证人体水分和电解质的平衡、维持机体内环境的稳定和健康。泌尿系统由肾脏、膀胱、输尿管和尿道组成，它们的良性工作是机体健康的重要保障。人们在进行有氧运动时，适宜的体育运动可以有效促进肾脏器官的收缩功能，停止锻炼时肾脏器官的收缩功能就会恢复正常，但是在短时间内会出现血管扩张的现象。机体通过运动锻炼使肾脏器官产生的反复收缩、扩张的过程，能够帮助刺激肾脏器官的血液循环，提高肾脏的健康水平，预防多种肾脏疾病的发生，保护肾脏健康。

二、体育锻炼对人的心理的影响

（一）体育锻炼可改善情绪状态的控制

实践证明，体育锻炼对人体心理健康影响的主要标志就是情绪的状态，情绪状态也是显示人们的自然需要能否得到满足的一种心理展现。人的心理状态和情绪会参与机体的所有活动，这会在很大程度上影响活动结果。科学、合理的运动锻炼有助于提高人们积极、乐观、向上的情绪，成功地抑制各种负面情绪的产生；从某种意义上来讲，运动锻炼是人体情绪的调节剂，稳定的情绪对人体健康有极大的保障意义。

（二）体育锻炼可加强对意志品质的培养

竞技体育所特有的挑战、探索精神，能为人们进行体育运动时更好地培养运动者拼搏、坚毅、果断的优良品质起到重要的作用。在众多的体育运动项目中，进行任何一项运动锻炼都要有克服各种客观和主观困难的毅力和决心。运动锻炼中环境的变化、身体的疲劳、项目的难易度都是考验人们意志是否坚决的重要依据；特别是选择户外运动的人，定期参与野外生存或极限挑战项目类运动，对于提高运动者的意志有积极的促进作用。

（三）确立良好的自我概念

自我概念（Self-Concept），就是指个体主观上对于自身存在的评价与体验，主要是指一个人自我认知的程度，它涵盖了个体通过所经历事情得到的经验和从别人身上反馈的学习信息，加深对自身的了解和性格的养成。它是由人的信仰、感情的起伏、学习的态度组成的有机整体，是陪伴人们整个人生的活动行为，通过个体展现出来就是某种特定的习惯。这主要由个体的自我感觉、反应评价以及通过社会比较等三部分组成。多种事实证明，经常坚持运动锻炼可以使人精力充沛、体格强健。所以，坚持运动不仅仅能改善人体的表象状态，同时对人体内在健康的提升也有相当大的帮助。

根据有关资料显示，日常生活中的正常人群中普遍存在身体的表象障碍现象，不管是社会人群还是当代的青年大学生。从整体来讲有半数的大学生对于他们的体重不是特别满意，尤其是女大学生，和男生相比，她们更倾向于高估夸大自己的体重。身体自尊是指个体对于自身运动能力的肯定、对于外在魅力的评价以及自身对于外界不利健康因素的抵抗力评价。无论男生、女生，对于身体表象的不满会严重降低个体自尊，严重的会导致焦虑、不安，没有安全感或产生抑郁症状。选择合适的运动项目，加强自我锻炼，对于增强肌肉力量和人体自尊、稳定情绪、提高自信心都有显著效果。身体表象和身体自尊都与整体自我概念有关，如图 3-1 所示。

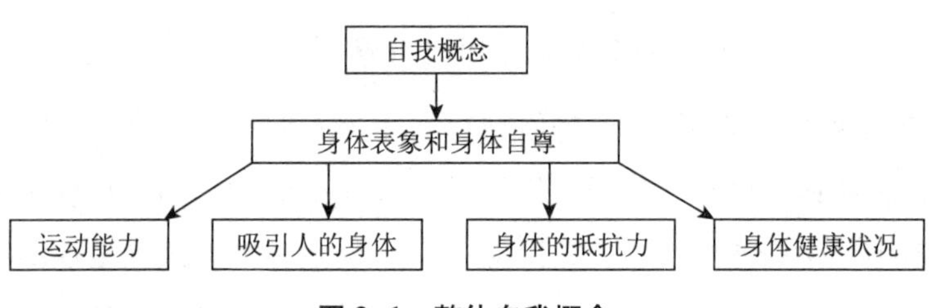

图 3-1　整体自我概念

第二节　大学生体育锻炼促进健康的基本常识

一、体育锻炼的时间选择

很久以来，人们一直在为最佳的锻炼时间争论不休，直到现在，经过世界各国不同学者的反复论证，对于一天之中究竟在哪个时间段内进行运动锻炼可以取得最佳的运动效果也没有具体的科学定论。由于每个人的体质不同，可以进行运动锻炼的时间也不同，更多时候运动者还是要依据自身的习惯和时间来进行运动。其实，在不同的时间段进行运动都有需要注意的问题。

（一）早晨运动

我国参与运动锻炼的群体，有大部分会选择在早晨进行运动锻炼，大学生们也是。主要是因为人体经过一个晚上的充分休息，早晨的精力较为充沛，且早晨的空气也比较清新，相对来说比较适合进行体育运动。

晨练需要注意的是：一般晨练都是空腹进行，因此不适合进行强度较高的运动，容易造成低血糖；早晨更适合选择像健身走、太极拳之类的有氧项目。

（二）上午运动

由于每个人拥有的可自由支配的时间不同，选择在上午进行锻炼的人们，为了更好地让运动促进健康，在进行运动时不可以安排活动量过大的运动项目。为了避免影响食欲，最好不要在饭前、饭后一小时之内安排运动，否则会影响人体肠胃系统的消化、吸收功能。

（三）下午运动

安排在下午进行运动的人们，一定要考虑空气污染的问题，城市里由于汽车尾气和工业污染，一般下午是空气质量最差的时间段，如果只能在下午进行运动，一定要选择在绿化环境相对较好的场所内进行锻炼，运动完毕时不适合立刻进餐。

（四）傍晚运动

选择晚间进行锻炼的人们，在运动结束后，应隔一个小时以上再上床休息，这样更有利于睡眠和达到良好的健身效果。如果运动后立即上床休息，机体仍然处于兴奋的状态，会影响睡眠质量。

二、体育锻炼的环境卫生

身体的健康状态和人们生活中的很多因素紧密相关（生活环境、生活习惯、先天的健康状况以及后天的锻炼），因此，运动者要清楚地了解自身体质的状态，选择适合的运动项目进行有效的锻炼。进行运动锻炼时先要清楚运动环境会给运动带来的利弊影响，这对于锻炼效果有积极的促进作用。

（一）空气

1. 空气对人体健康的影响

空气对于人类生存的重要意义不容置否，空气是人类赖以生存、必不可少的环境因素之一，它对人体的新陈代谢、热代谢和气体交换有着尤为重要的作用。空气质量的好坏直接影响着人体的健康水平，人体通过自身的呼吸系统与外界进行气体交换，若空气中的含氧量低于10%，中枢神经系统功能就会减弱，人体会出现恶心呕吐的现象；若含氧量低至8%以下，人体就已经进入危险的状态，会出现体温下降、昏迷、窒息现象，甚至会导致死亡。

新鲜的空气可以让人精神振奋，减轻疲劳，改善睡眠，加速基础代谢，同时提高工作效率和学习效率。如果空气中含有较多有害气体，不仅会影响空气的含氧量，而且空气中夹带的细菌一旦进入体内，还容易引起呼吸道疾病。为了防止灰尘进入内脏器官，在运动中应养成用鼻子呼吸的好习惯，鼻腔中鼻毛和黏膜所分泌的黏液可以有效地阻止空气中的灰尘、细菌进入体内。

2. 空气中的主要有害成分

生活中无数的有害物质每天源源不断地散播到大气中污染着空气。大气中的有害物质主要有以下几种。

（1）二氧化碳。二氧化碳是煤炭燃烧的副产物之一，当空气中二氧化碳含量增多时，就会有呛嗓子的气味。

（2）氧化氮。氧化氮是氧和氮在燃烧过程中产生的有毒物质，正常情况下马力较大的汽车排出的这种有毒气体最多。

（3）PM2.5。又称为霾、细颗粒物、细粒、细颗粒。它是一种直径小于等于2.5微米的一种颗粒悬浮物，能长时间悬浮在空中，空气浓度越大，污染程度越强，对人体的伤害就越大。如随呼吸进入肺泡，会严重影响肺部的通气功能，甚至会引发多种疾病。

3. 空气污染对人体健康的害处

综合来讲，大气污染给人体带来的伤害可以分为三个部分。

（1）急性危害。受气候条件限制，空气中的污染物不能及时转移和扩散，或工厂内一次性排放出大量的有毒物质，使人们在短时间内吸入大量的有毒气体，就会引发急性中毒。

（2）慢性危害。人们生活的区域长期有有毒物质排放的话，空气中的有毒物质会侵入呼吸系统，使其防御功能受到损害，人体很容易患感冒、肺炎、支气管炎等疾病。空气中的烟尘颗粒也会给人体的呼吸系统带来慢性危害。

（3）致癌作用。大气中存在三十多种致癌物质，大多来自灰尘、煤烟和汽车尾气等，城市居民长期生活在这样的大气环境中，呼吸道感染疾病的概率会大大增加。正如世界上多个国家所证明的那样，城市癌症高发于农村，这和城市空气污染有很大的关系。

（二）气温

人类是恒温动物，保持身体恒定的温度对于体内的新陈代谢有很大的促进作用。人体在不同的气温下，会调整体内新陈代谢力度和散热方式，以适应不同的温度变化来保持身体恒温。

当气温处在21℃左右时，身体的生理机能处在最佳状态，相应的机体的工作能力也最强。

当气温超过35℃时，人体稍微活动，身体就会大量出汗，体内含水量会迅速减少，导致体内环境改变，出现缺水现象，同时身体机能下降，严重者出现痉挛、中暑等症状。若遇到类似状况，应立即停止运动，迅速补充体内水分，并在阴凉处做紧急处理。

在寒冷的环境中进行运动锻炼时，一定要选择轻薄、防寒、保暖的运动服装。运动前要做好热身准备，防止出现运动损伤。

（三）太阳光线

在夏季进行运动锻炼时，为了避免强烈的阳光晒伤皮肤、导致中暑，因此在进行运动锻炼前应做足防晒避暑工作。阳光中含有紫外线和红外线两种成分。

阳光中的紫外线成分，是一种消毒杀菌作用很强的光线，并且带有强大的化学刺激作用，紫外线照射皮肤后，能使皮肤里的7-脱氢胆固醇转变成维生素D，提高抗病能力，刺激造血功能，在一定程度上可以预防贫血。

红外线则是产生热作用的射线，主要是对人体起温热作用，红外线照射皮肤后，深入肌肉组织，可以加快血液循环、增强体内物质的代谢能力，还可以兴奋神经，让人精神振奋。

三、体育锻炼的生活卫生

（一）睡眠与健康

良好的睡眠是消除疲劳、保持身体健康的生理功能之一，是脑部以及身体其他器官最好的放松方式。人们处在睡眠状态时，人体与周围环境暂时脱离关系，整个机体都处在调整和恢复的状态之中。

（二）戒除不良嗜好

1. 戒烟

世界上多个国家的科学家经过大量科学实验和社会调查证明，吸烟对人体健康的危害很大，香烟中的尼古丁、焦油、亚硝酸甚至于毒性特别大的放射性物质钋 210 等，都是香烟烟雾中极活跃的有毒物质。吸烟不仅会诱发多种疾病，甚至会危害生命。对于不抽烟的人，长期被动吸收二手烟，也会受到不同程度地危害。

2. 饮酒切忌过量

白酒中的主要成分是酒精，又称作乙醇，是有毒物质，如果短时间内大量摄入，会破坏体内的红、白细胞，损害人体健康。酒精对心脏的伤害最大，长期大量饮酒，会使心脏因失去应有的弹性而增大；再者，酒精会使血液中的脂肪沉淀在血管壁上，发生血液粥样化，使血管变窄，血压升高，增加对心脏的二次伤害。

（三）劳逸结合

大脑在长时间进行紧张的思考学习、经常熬夜时容易出现疲劳的现象，不仅视力会受到影响，学习效率也会下降。这时最好的方式就是进行调整和休息，保证每天一小时的运动，劳逸结合，合理安排学习和锻炼的时间，提高大脑的反应能力，对于保持视力也有积极的作用。大学生如果睡眠和运动不足，大脑容易疲劳，这会降低大脑功能，引发神经衰弱、偏头痛等。

（四）运动服装与卫生

在进行户外运动锻炼时，合适的装备会使运动的效果事半功倍。现在不同的运动项目都有专用的服装和鞋、袜。夏季进行运动锻炼时一定要尽量选择浅色、薄款，并且透气性、吸湿性良好的运动服；冬季进行户外运动锻炼时，在不影响运动的前提下，还要注意服装的保暖性。

1. 运动鞋

首先要根据自身所选择的运动项目选择相应的运动鞋，现在不同的项目都配有专业的运动鞋，但需要注意的是：在选择运动鞋时一定要试穿（现在很多人都选择网购），大小一定要合适，不合脚的鞋子会给锻炼带来不利的影响。另外就是要注意鞋子的透气性和轻便性。运动前除了选择合适的运动鞋，还要注意选择专业的运动袜来配合，相对于普通袜子，运动袜更厚，材质易吸收汗液，并可减少脚部摩擦和受伤。

2. 运动衣

为了在运动过程中没有被束缚的感觉和避免皮肤擦伤，运动服一般都设计得比较宽松，且透气性良好，有利于排泄人体代谢物。选择紧身的运动服在运动过程中会对人体的肢体和关节有一定程度的束缚，这在很大程度上会影响运动中各种动作的完成。

四、体育锻炼的常见误区——跑步是有氧运动，力量练习是无氧运动

现代社会中健身项目繁多，很多人受不正确的运动观念的误导，认为游泳、跑步才是有氧运动，球类运动和力量练习属于无氧运动。其实无氧运动和有氧运动不是以运动项目来区别的，而是以运动的强度和人体机能能量的代谢方式来区别的。

在运动锻炼的过程中，当运动强度较小时，人体机能的供能方式主要是有氧代谢，这时所进行的运动为有氧运动；当运动强度较大时，机体的供能方式转换成了无氧代谢，这时的运动则为无氧运动。所以，我们不能单纯地将具体运动项目归纳成有氧运动或无氧运动，而是要在运动时更注重调节运动的强度和保持运动的科学性、合理性。

第三节　大学生体育锻炼促进健康的原则与方法

一、体育锻炼的原则

（一）自觉性原则

人们在选择体育运动项目时，一般都会带有一定的目的性，这促使人们自愿、自觉地投入到运动中，只有这样运动才会起到应有的效果。为了促进大学生运动的自觉性，首先应该确定自己锻炼的目的，正所谓动机决

定行动的质量。例如：有些学生是为了强身健体而选择锻炼；有些人则是为了调节紧张的学习生活而选择运动休闲一下；还有些人是为了锻炼意志、促进更健全的生长发育而进行有目的的运动锻炼。一旦确定了运动的目标，就应该自觉、持之以恒地投入到所选择的项目中去。

（二）循序渐进原则

大学生在进行运动锻炼时，千万不要为了急于达成目的，给身体增加过量的负荷，这样非但达不到预期的运动效果，反而会伤害身体健康。一定要根据人们认识事物的规律，以及动作技能形成的规律和生理机能负荷的规律，从小到大、从低到高、由简到繁逐步进行。要根据体育锻炼的不同阶段，循序渐进地调整运动锻炼的负荷量，只有遵循科学的运动原则，才能达到最佳的锻炼效果。

（三）针对性原则

运动的针对性原则是指：在选择项目进行运动锻炼时，不要盲目地听从运动教练的建议只进行一些时尚的运动，一定要切合自身的实际情况，根据自身的特点，以增强身体素质和提高运动水平为目的，有选择地确定好合适的项目进行锻炼。

第一，应当合理地安排好学习和锻炼的时间，劳逸结合才能双双收益。进行运动前先要正确认知自身的健康状况，一定要在自身所能承受负荷的范围内来选择运动项目的强度和难度。千万不可超负荷运动，一旦违反人体发展的基本规律，不但不利于健康，还有可能会伤害身体。

第二，大学生在运动锻炼时，要注意运动锻炼的环境。要根据不同的季节、气候和锻炼的场地这些实际情况，科学地选择适合的锻炼项目，只有这样才能收获更高质量的锻炼效果。例如：炎热的夏季，游泳是再合适不过的项目了，夏季游泳不仅可以降温，还能达到健身的效果；寒冷的冬季，力量练习则是相对理想的锻炼项目；春秋两季在选择项目时会宽松不少，可选择有技术性的项目来进行锻炼。

（四）经常性、全面性原则

经常性原则是指：开始运动锻炼后一定要坚持、持之以恒地进行，把锻炼当作日常生活中的一项正常内容。为了保证经常性原则的贯彻，培养良好的锻炼习惯，在运动锻炼前，首先应制订相应的运动计划，并按照运动计划稳定、规律地进行锻炼。

全面性原则是指：进行运动锻炼时，不要因为爱好单一项目而只进行某一项目的锻炼，应选择包括不同种类的多种项目和不同性质的项目进行锻炼，注重全身各部位、各器官机能的全面发展和整体活动能力的提高。体育锻炼，包括人体各组织系统的全面改善，是全身肌肉反复活动和强化的结果。

二、体育锻炼的练习方法

（一）重复锻炼法

大学生在运动中采用重复锻炼法进行运动时，首先要克服这种单纯重复动作带来的枯燥感，还要保证每次重复练习的质量，这种方法不仅能增强体质，从某种意义上说还可以磨炼人的意志。

在运用此项方法进行锻炼时，重复的次数不同，对身体产生的作用也会不同。重复次数越多，对身体造成的负荷就越大，如果不断地增加重复的次数，一旦超过身体负荷的极点，就会破坏体内有机体，对身体造成伤害。

（二）循环锻炼法

运用循环锻炼法的运动项目一般都会采用负荷相对较轻的练习，所以在锻炼过程中，对技术的要求不高，运动起来简单有趣，参加初级阶段运动的人们更适合采用这一方法进行练习。但需要注意的是，在循环锻炼法中，一定要按照全面发展健康的原则来搭配运动项目，促进身体体质各个方面的同步发展。

（三）连续锻炼法

为了让锻炼取得更加良好的效果，在持续运动锻炼中，要避免运动强度超过身体负荷的极点：需要连续运动的时候就坚持连续运动，需要间歇运动的时候就要停一会。运动中，不能仅讲究间歇，还要讲究连续。在同一锻炼过程中会出现连续、间歇、重复三种过程。三种过程各具特点，连续和重复的作用是帮助身体在运动中维持负荷量在一定的水平上不下降，让身体充分地感受运动的作用；间歇则是为了保证运动者在运动中的负荷不会超过人体负荷的极点，避免伤害身体。

（四）间歇锻炼法

一直以来，人们都认为只有在运动的过程中才能实现体质的增强，其实，实现体质内部的增强主要是在间歇过程中，体质能量在运动后休息的过程中会得到超量恢复。

我国自古以来就有“以静炼身”的说法，间歇作用本身在增强体质上的作用就不亚于运动。在现代科学的基础上，人们更清楚地认识到了在间歇时间内身体有机体的变化，同时认识到保持同化优势的重要性。所以，现代运动者把间歇作为基本的健身方法，利用轻微的活动促使肌肉对血管起到按摩作用，增强血液循环，排除身体代谢所产生的废物。

（五）竞赛锻炼法

竞赛锻炼法是指，人们为了提高锻炼者的积极性，在模拟、近似或者真实的比赛条件下，按照严格的比赛规则和方式进行锻炼的方法。主要是根据人类天生的表现欲和竞争意识，再配合现代运动的比赛规则和适应原理等多种因素而提出的一种锻炼方法。

竞争意识，可以激发运动者的积极性，同时运动者在比赛中可以相互交流练习经验，也有助于运动者更全面地提高战术水平，培养他们敢于拼搏、积极向上、坚韧不拔的生活态度。

（六）变换锻炼法

运动中使用变换锻炼法可以提高运动者的兴奋性，有效地调节生理负荷，克服在运动过程中产生的疲劳和厌倦的情绪，增强运动的趣味性，从而更好地达到运动效果。

（七）游戏锻炼法

游戏锻炼法一般是为了在进行运动锻炼的过程中激发学生的运动兴趣，提高他们运动的积极性而采取的以游戏形式进行体育锻炼的方法。它让学生们在快乐的游戏中进行强身健体的锻炼，可以有效缓解他们的学习压力，释放更多的激情和笑容。

在开展相应的游戏活动时，应根据学生的实际情况而做适当的变动，还要注重和体育教学内容相结合，使学生不仅能在轻松愉快的环境中有效地增强体质，还能掌握到相应的知识技能。

第四章　运动对大学生体质健康行为的促进

第一节　运动对大学生体质健康的影响

一、健康观念与运动参与

（一）个体健康观念的形成

随着现代医学的发展，人们个体健康观念的形式以及人类寿命的延长，使现代医学模式已经由原来单纯的生物型转变为“生物型—心理型—社会型”的医学模式。以前人们只关注个体的生物属性，对个体健康的理解仅仅是没有疾病；而现代个体健康概念强调的是作为有生物性和社会性两重属性意义的个体对不断变化的环境的适应能力和适应程度，强调个体在躯体、心理和社会适应方面的共同发展，以达到良好的适应状态。现代个体健康观念要求每个人不仅有较高的躯体健康水平，而且也需要有良好的心理素质和社会适应能力。

在这个层面上，人们把身体健康理解为：全身各器官发育良好，组织结构完整，生理指标没有异常，身体处在充满活力、健康的状态。

对心理健康的理解则是：智力发育正常，人际关系良好，情感、意志力行为没有缺陷，社会适应能力强。

社会适应健康指的是：个体如何在社会上与人友好相处，以及如何应对、适应对方而做出反应，个体与社会习俗和社会制度如何相互作用。

社会进步和经济发展，给人类带来了越来越多的健康问题。20 世纪中叶，“运动缺乏”对健康的威胁逐渐被人们所重视。到了 20 世纪 70 年代，美国学者 John Knowles 撰写了《个人的责任》一书，他认为个人健康最大的敌人就是个人本身。在此观点的影响下，20 世纪 80 年代美国发动了一场以改变个人健康行为为目的的“健康促进运动”。这场健康促进运动对于改善个体健康状态起到了很重要的作用。最近加拿大华裔医学思想家谢华真博士提出了一个新的基本理念——“健商”。其定义是“一个人运用自己的智力保持健康的能力”。“健商”概念的提出说明人们的健康意识已是世界范围内的普遍问题。

缺乏锻炼、高脂肪和高胆固醇的饮食、紧张、吸烟、酗酒、滥用药物、接触化学毒物和不良性行为等都会引起严重的个体健康问题甚至导致死亡。相反，经常性的身体运动、注意饮食、保持良好的心态、杜绝不良嗜好和重视安全保护等，对于个体健康是有益的。

（二）个体健康观念对体育运动参与的影响

人们想要获得健康的身体离不开参与体育运动，首先要先从养成良好的生活方式入手，坚持规律的体育运动。要全方位地对体育运动有正确的认知，体育运动能促进人们对健康知识拥有求知欲望，一个人所获得的运动健康知识量会决定他参与体育活动的信心。保证人们毅然参与体育运动锻炼的基础是，人们能够清楚地认识到体育运动对人体健康的促进作用。在进行体育锻炼的实践中，个体一旦体会到了体育锻炼对生活状态产生的积极影响，就会不由自主地提高运动锻炼的持久性和自觉性，最终体育锻炼将成为生活中相对稳定的一部分内容。

二、适量运动对个体健康的影响

（一）对适量运动的界定

适量运动是指根据运动者的个人身体状况、场地、器材和气候条件，选择适合的运动项目，使运动负荷不超过人体的承受能力。运动过程中的运动强度、持续时间和运动频率要适宜，运动时的心率范围要控制在120~150 次/分钟之间；机体无不良反应，运动后略觉疲劳，恢复速度快；情绪和食欲良好，睡眠质量高，睡醒后感觉精力充沛。

（二）适量运动对人体生理机能的影响

1. 对心血管机能的影响

适量运动能使心肌纤维增粗、心壁增厚、心脏重量和容积都增大，使心肌的收缩性增强，心肌耗氧量明显降低，具有较高的心肌耗氧效率和能量节省能力，还能使心肌 ATP 酶的活性提高，左心室压力最大升降加快，对钙的摄取和释放速率加快，促进心肌的收缩和舒张，使脉搏输出量增加。

适量运动能使心肌糖原贮量和糖原分解酶活性增强，三酰甘油（甘油三酯）转化速度加快，线粒体氧化磷酸化和氧的摄取能力均得到提高。

适量运动时冠状动脉的血流量成倍增加，改善了心肌营养与氧气的供应，加强了代谢。适量运动还能增加动脉血管的弹性，使血管在器官内的分布数量增加，有利于器官组织的供血和功能的提高。

2. 对呼吸功能的影响

适量运动可以增加肺组织的弹性，增强呼吸肌的力量和耐力，使呼吸频率减慢，呼吸深度增加，肺通气和肺换气的效率提高，血红蛋白含量增高，组织的氧利用率提高，因而吸氧量也会随之改善。

3. 对神经系统机能的影响

适量运动可促进神经系统的生长发育，使脑的重量和大脑皮质（大脑皮层）厚度增加，大脑皮质表面积增大。还可以加快脑细胞的新陈代谢，对提高脑细胞的功能、工作效率及对脑细胞功能的保护都有良好作用。

在进行适量运动时，人体各部分之间的协调配合会比平时更好，内脏系统活动能迅速激活，自主神经调节活动的均衡性会加强。适量运动能使神经细胞的工作强度、兴奋抑制转换的灵活性及均衡性都得到提高。由于运动时减少了脑血流的阻力，因此还有防止动脉硬化的作用。

经常参加适量运动的人的记忆力与大脑工作的耐久力都比较强，反应更快、更敏锐，神经系统的分析、综合和控制能力会增强，工作效率也会提高。

4. 对运动系统机能的影响

适量运动可以使骨密度增加，骨骼变粗，肌肉附着处的骨突增大，骨小梁排列更为规则。少年儿童参加适量运动还能促使骨有机成分增加，无机成分减少，使骨更具弹性和韧性。这些变化提高了骨骼抗折断、弯曲、压拉及扭转等方面的能力。适量运动还可以刺激长骨增长，使人长高。

5. 对免疫功能的影响

适度运动是机体对运动应激的生理性适应，表现为机体免疫机能的增强，不易感冒，增强机体抵抗病毒的能力。

6. 对胃肠机能的影响

适量运动可使胃肠蠕动增强，血液循环得到改善，消化液分泌增加，加速营养物质的转化与吸收。适量运动时呼吸运动会增强，膈肌活动范围加大，对腹壁胃肠能起到按摩作用，从而促进消化吸收。

7. 对身体成分的改善

适量运动可促进脂肪分解，促进肌肉蛋白质的合成，使体脂含量减少，体重增加，有利于改善和保持正常的身体成分，预防与身体成分异常有关的疾病的发生。

8. 防治疾病

适量运动能全面增强身体各器官系统的机能，提高机体对内环境变化的适应能力，起到防治疾病的作用。

适量运动对降低正常人或轻度高血压患者的血压有良好的作用，可以预防和治疗高血压，可以延缓动脉粥样斑块的发展，增加冠状动脉的贮备，在心血管疾病的防治上具有重要意义。

适量运动可以有效减缓随年龄增长而发生的骨质疏松症状。

适量运动有助于调整神经系统的活动状态，协调各中枢神经系统间兴奋与抑制的平衡，改善其机能活动；同时使运动者的情绪得到改善，心理负担减轻，有防治神经衰弱的作用。

适量运动可增加胰岛素受体对胰岛素的亲和力，促进肌肉对糖的利用、降低血糖，增加肌肉对脂肪酸的利用、降低血脂，因而有防治糖尿病的作用。

9. 延缓衰老

参与适量的体育锻炼可以有效改善人体心血管系统的机能，加快新陈代谢，清除体内自由基，增强免疫系统的功能，提高机体抗氧化能力，改善机体内分泌，保持身体活力，延缓衰老。

（三）适量运动对人体心理机能的影响

第一，对人体没有伤害的适量运动可以有效促进大脑思维的良好发育。

第二，通过提高本体运动感知觉，使人对自身更加了解。

第三，通过运动表象，提高认知和记忆能力。体现在：①通过运动形象、想象、模仿和直觉思维及空间判断活动，提高右脑机能；②通过运动时多种感、知觉的参与，从整体角度对信息进行综合、决策和应答，不停地对对手的意图及可能采取的行动作出判断和预测，做好与同伴的战术配合等活动，提高操作思维和直觉思维能力；③通过视觉的快速搜索（球和同伴的位置）、准确预测（球的落点）、决策与反应选择（必须决定做出何种应答反应，为行动留出时间）、快速有力的始发动作（起跑）、完成动作（协调、适宜、有效地支配身体完成动作）等活动，提高心理敏捷性。

第四，适量运动对人的情绪有良好的影响。体现在：①通过克服困难、竞争、冒险、把握机会、追求不确定结果、达到目标、控制、成功及挫折等过程，产生丰富的情绪体验；②适量运动具有宣泄、中和、抵消和对抗不愉快（负性）情绪和焦虑的作用；③适量运动可适应和对抗应激刺激，提高心理应激能力；④适量运动后可出现良好的心理状态；⑤适量运动具有兴奋和充满活力的特点，有抗抑郁的作用。

第五，适量运动可使运动者产生特殊的体验。体现在：①高峰表现，运动者有时可出现超出正常机能水平的行为表现；②流畅体验，运动过程中有时可出现理想的内部体验状态，表现出忘却、投入、乐趣、享受和控制感；③跑步者高潮，跑步者在跑步时会出现瞬间的欣快感。

第六，适量运动可促进心理建设。体现在：①人在适量运动中一次次证明自己的能力，使自我概念发生积极变化；②适量运动可促进人的社会化过程；③适量运动可培养人的自信心；④适量运动可培养人的进取精神。

三、过度运动对个体健康的影响

（一）过度运动的界定

体育锻炼中的过度运动涵盖了以下两方面的意思。

第一，进行体育锻炼时，由于大量运动使体内机能发生改变，营养不良、思想波动、运用恢复手段无效等，会使身体正常的负荷被改变为超负荷量，让主动运动转变为被动运动的应激刺激。

第二，当体育运动的运动量超过人体所能承受的极限时，会造成人体在能量、精神上过度消耗，短时间内无法恢复正常体力。两种运动过量的任何一种都会使人的运动能力减退，使身体出现非正常的心理症状和心理状态，会极大地损害人体健康。

造成过度运动的具体原因有以下三点。

第一，安排了和身体体质不相符的运动量。运动持续时间过长、强度过大会引发身体极度疲劳。

第二，患病后过早恢复锻炼或刚恢复锻炼时的运动量过大。

第三，没有养成良好的生活习惯，营养不良或不均衡、作息不规律、心情不快乐等。

（二）过度运动对人体生理机能的影响

人们在运动中为了快速达到锻炼效果，往往会不注意劳逸结合，从而给身体到来极重的负荷。过量运动会导致大脑早衰，体内各器官供氧、供血会失去平衡，体内免疫机制严重受损，这样非但达不到健身的效果，反而会加速全身各器官的衰老。

1. 容易发生运动损伤

对于处在运动锻炼初始阶段的人来说，连续过量的运动容易造成肌肉和骨附着力点处的疲劳、骨折和关节慢性劳损，具体表现为关节肿胀和疼痛。

青春期少年过度运动易导致运动损伤，如体操运动员的应力骨折，赛跑运动员的胫前肌综合征，以及其他专项运动综合征，例如游泳肩、疲劳性骨膜炎和网球肘等。

2. 对抗氧化能力的影响

运动者的身体长期处于负荷量过重的状态，会增加体内的自由基含量，使机体的抗氧化能力明显下降，接着容易引发疾病、疲劳和骨骼损伤，进而加速人体衰老的进程。

3. 对骨骼肌机能的影响

过度的运动会使运动者肌肉超微结构损伤，改变物质代谢，使骨骼肌收缩能力下降，体内钙离子浓度增强，肌肉细胞内的钙离子平衡紊乱，带来肌肉酸痛、肌腱损伤等。

4. 对泌尿系统的影响

人在运动锻炼中机体大量排汗，导致肾脏血流量减少，尿液浓缩就会产生高渗性原尿。运动量超人体承受负荷时，体内血管收缩缺氧，致使二氧化碳潴留体内，滤过膜通透性增加，导致肾脏受损，严重者可导致运动性血尿。

5. 对胃肠机能的影响

过度的运动对运动者肠胃的损害也相当大，容易导致肠胃功能紊乱、食欲不振，头晕、恶心等。

6. 对神经系统的影响

过度进行体育锻炼对神经系统的影响主要有：出现头痛、失眠、头晕、记忆力下降等现象，严重的可导致人体出现自主神经紊乱的症状，主要表现为：面色苍白 、恶心、出汗、耳鸣等；更有甚者会因失去肌张力而导致丧失意识，突然昏厥。

7. 对心血管机能的影响

过度运动对人体心血管机能的影响尤为严重。运动者不能很好地将自己的运动量控制在合适范围内，容易给心肌毛细血管造成持续性损伤，心肌收缩功能和舒张功能也会因此有不同程度的损伤，还会造成心肌细胞发生缺氧、心肌力学指标明显下降。

具体表现为：心律不齐、胸闷、气短和休息时心率加快，运动后心率恢复很慢等；血小板的聚集机能明显增强，身体外周循环机能异常，血容量骤减、血压下降造成组织的缺血缺氧，最后引起过度性休克。

8. 对免疫机能的影响

过度运动对机体免疫机能的影响为：它可促进具有免疫抑制作用的激素释放，进而使机体的免疫能力被抑制，使人体免疫、抵抗功能下降，影响机体健康。人体在进行剧烈运动时，肾上腺素和皮质醇含量会增高，当它们的含量超过一定程度时，脾脏产生白细胞的能力就会大大减弱，淋巴细胞和自然杀伤细胞的活性也会相对降低。同时还会降低人体的免疫力，增加呼吸系统的感染概率，造成全身乏力，易感冒，体重减轻，使肺炎、肠道炎等感染性疾病的患病率大大增强，并增加了自身免疫性疾病的患病概率。

9. 对生殖系统的影响

女性在青春期过度运动可能导致月经周期异常，外阴创伤，卵巢扭转、破裂，子宫内膜异位症等症状。

四、运动缺乏对个体健康的影响

（一）对运动缺乏的界定

运动缺乏是引起慢性非传染性疾病（和生活息息相关的慢性病）的一级危险因素，这些慢性疾病包括高血压、糖尿病、冠心病和高血脂等，这一类疾病的患者基本上很少运动或者根本不运动。一个人如果每周运动不足 3 次、每次运动时间不足 10 分钟，就可定为运动强度偏低；如果运动时心率低于 110 次/分钟，则可定为运动缺乏。缺乏运动会对人体健康产生极大的不利影响。

（二）运动缺乏对人体生理机能的影响

人体长期缺乏运动，会降低身体新陈代谢的能力，引发多种肌肉关节疾病，例如骨质疏松、肩周炎、颈椎病等，同时也会给身体带来不良的反应，导致心肺机能下降。人们长期久坐不动，很容易患上坐骨神经痛、痔疮、盆腔瘀血等症状；久坐不动还可以使人体抵抗力下降，增加患病的概率。运动缺乏易导致心肌损伤，增加老年人的死亡率，加速人们衰老，导致中风、糖尿病、心绞痛等发病率明显上升，运动缺乏对人体健康的不利影响极为重大。

运动缺乏的人可能会出现记忆力减退、注意力难集中、精神不振、担心自己的健康、多梦、疲劳、情绪不稳定、用脑后疲劳、耐力下降、困倦、烦躁、健忘、虚弱、活动后疲劳、易怒、失眠、有压抑感、思维效率低、易感冒、嗜睡、四肢乏力、有不愉快感、头晕、目眩、抑郁、头疼、腰膝酸痛及脱发等亚健康症状。

五、运动与健康促进

（一）体育运动对健康的促进作用

1. 健康生活方式与健康促进

实践证明，相对于药物的可效性，培养良好的生活方式对促进人们的健康有更重大的意义。体育锻炼和健康促进的关系紧密相连。人们如果每天都能坚持做到保证 7~8 小时的睡眠，坚持少食多餐，不抽烟不酗酒，适当地进行体育锻炼，注重早餐的营养搭配和保持好标准的体重，这些良好的生活方式将能在很大程度上促进健康的积极发展。

2. 体力活动与慢性病

现代社会经济高速发展，人类受机械化和快节奏生活的影响，运动已经不再是基本的生活方式，而是一种奢侈。大多数人由于缺乏运动，导致人体的各项机能得不到有效的磨合，抵抗力减弱，各种疾病开始袭来。人体处于一种亚健康状态，使胆结石、高血压、肥胖病等各种慢性病成为生活中的常见病，损害着人体健康。

（二）促进健康的身体运动量

促进健康最有效的方式之一就是运动。运动不仅能保证身体的灵活性，还能缓解心情，使人身心愉悦。经常参加体育锻炼的人，精神抖擞，面色红润，在工作、学习、生活中都能投入较高的热情和活力。

六、大学生的运动健康促进策略

（一）增加运动器材与设备

时尚、先进的运动器材可以有效地吸引学生参与运动。因此，高校财政部门应该在大学生运动器材上多投入些财力，购置先进的运动设备，为学生提供优良的运动资源，以保证他们参加运动的乐趣。

（二）鼓励同伴一起参与运动

在体育锻炼中，同伴的鼓励和支持是不可或缺的重要因素，这一点对于大学生参与运动锻炼来说也非常重要。因此，大学生在参与运动的时候可以树立团体运动的意识，积极参与学生间的运动项目，以便促进个体的运动锻炼。

（三）增设多样化运动社团

多姿多彩的大学校园社团也是促进大学生能够规律地参加运动的一个重要因素。因此，学校可以根据学生不同的兴趣爱好，组建多元化的运动社团来鼓励学生参加社团，多方培养大学生参与运动的习惯，使他们从多种运动项目中找到自己喜爱并能坚持的运动。

（四）增进运动时的正面感受

大学生如果能在所有的体育锻炼项目中找到适合自己的运动，那么运动就不单是一种强身健体的方法，而且是一种属于自己放松精神的方式。所以，高校应该多在体育课堂上讲解体育运动的内容以及运动的趣味性，传递运动的乐趣。这样，学生不仅能够在体育锻炼中体验到运动的快乐，还能培养大学生养成长期坚持运动的良好习惯。

第二节　运动促进健康的类型

一、有氧运动

（一）有氧运动的概念

人体的所有活动都需要能量。这些活动包括人体自身的生理活动，如呼吸、心跳、消化等，还包括人体每天在生活、学习、工作和娱乐等过程中涉及的活动，如行走、跳跃、说话等。这些活动所需的能量来源于在细胞中进行的物质转变成能量的过程，也就是把我们每天进食的食物分子中储存的化学能转变成能被生命等各种活动过程利用的能量的过程。

人体所能利用的直接能量形式是三磷酸腺苷（ATP），其储存在各种营养素中的能量必须转变成 ATP 的形式才能为人体的各种需能过程所利用。完成这种转变的方式就是能量代谢过程，一般来讲，区分有氧代谢过程和无氧代谢过程，会依据在体育运动中能量代谢是否有氧气的参与。不同的代谢过程的利用的能源物质也不同，无氧代谢主要利用糖，这会产生较多的代谢副产物——乳酸；有氧代谢可以利用糖、脂肪和蛋白质，由于只产生少量乳酸，因此有氧代谢类型的运动比较轻松、愉快，运动时间较长。人体在正常活动时主要通过有氧代谢来获得能量，而在某些特殊情况下则主要通过无氧代谢来获得能量。运动时，由于运动的强度（剧烈程度）不同，体内为运动提供能量需要的代谢过程也不相同。我们要如何判断体内进行的是有氧代谢还是无氧代谢？一般来讲，100 米跑或 800 米跑运动中的冲刺、跳跃等均属于以无氧代谢供能为主的项目，称为无氧运动；而长跑、越野赛、长距离的自行车赛和游泳，以及日常生活中的散步、慢跑等则属于以有氧代谢供能为主的项目，称为有氧运动。

（二）有氧运动的发展状况和特点

有氧运动是按照人体运动的能量代谢类型进行分类的一种运动形式。

有氧运动兴起于20世纪60年代，由于体力劳动骤减、营养摄入不合理和精神压力剧增等原因，非传染性疾病（俗称“文明病”）成为威胁人类健康的首要因素，寻找能有效预防和治疗非传染性疾病的方法成了当时研究的热点。美国医生库伯（Cooper）用了4年的时间进行健身与健康关系指导的研究，于1968年发表了《有氧代谢运动》《12分钟跑体能测验》及《有氧运动得分制》等专著，系统阐述了有氧代谢运动的原理、健身作用及评估方法，提出了有氧健身运动的理念，在西方国家引发了以有氧运动为主的健身热潮。其中影响最大的是他编写的《有氧代谢运动——通向全面身心健康之路》一书，已被译成25种文字、发行1200万余册，为世界许多国家所采用。

现代社会中得益于“全民健身”的口号，健身运动在全世界的被重视程度越来越高，但是有氧运动仍然占据主导地位，而且还有不断扩展的趋势，其主要原因是由于有氧运动在促进人体健康和健身效果方面具有独特的作用。有氧运动主要有五个方面的特点。

第一，运动项目难度不大，易掌握。

第二，运动过程中身心愉快、轻松，没有任何不适的感觉。

第三，健身效果突出。

第四，运动不受环境、场地限制，运动成本不高。

第五，可以良好地保持标准体重。

（三）有氧运动对人体的影响

1. 有氧运动对物质能量代谢的影响

运动中的有氧运动主要是指运动机能在能量转换中有氧气参与，在有氧代谢下，糖分、脂肪、蛋白质被氧化成水和二氧化碳的过程；在代谢过程中能释放能量合成中被称作细胞燃料的糖、脂肪和蛋白质。

2. 有氧运动对心血管系统的影响

进行耐力性有氧运动对人体心脏的作用可分为两种情况：一是可以有效提高心肌力量，二是可以改善心率的变化。能直接反映心脏机能强弱的标志就是心率的高低，运动对于心脏机能产生的影响可以通过心率的变化来判断。运动锻炼对循环功能的主要影响是心输出量的增加，促使体内各组织器官的血流量进行重新分配，尤其是骨骼肌血流量大量增加，用来满足人体新陈代谢的能量供应，从而提高人体的活动能力。

3. 有氧运动对体能的影响

部分人认为，只要进行体育锻炼，就会对健康有利、可以提高身体素质，其实这种想法没有任何科学依据。有氧运动对人体健康的作用不可估量，长期、规律地坚持进行有氧运动锻炼，就能够自然的刺激机体内的循环、消化、神经、呼吸及内分泌系统，能有效地促进青少年的生长发育，帮助中年人保持充沛、旺盛的精力，并保障全身各器官的正常运转，增强体质，延缓衰老。

（四）常见有氧运动

1. 健身跑

健身跑通常又被称作慢跑，在运动过程中它一般用时较长，速度较慢，运动距离长，不分年龄，不限性别，不受场地、器材的限制，人们可以随时随地地在公园、马路边、田径场进行锻炼。

2. 有氧健身操

人们通常称在有氧供能的条件下进行锻炼的节奏感强、集体的体操和舞蹈为有氧健身操。长期且有规律地坚持有氧健身操运动对于提高人体的心肺功能、预防心血管疾病、消除多余脂肪、改善体型都有非常积极的作用。

有氧健身操对中老年人具有很好的健身、健心作用。人体进入中老年阶段之后，各器官机能逐渐减弱，而有氧健身操以其自身的全面性、均衡性的特点，科学地延缓了各器官机能的减弱，从而使机能提高，使中老年人更加热爱生活，对未来充满信心。另外，健身操在塑造人体美的同时，还在潜移默化地影响着人们的情操，能使人胸怀豁达，形成对生活乐观进取的态度，这正是中老年人所追求的一种境界。

二、休闲运动

（一）休闲的概念

21 世纪的现代社会，大家都普遍认为，只应在“实现价值”的工作上全力以赴，休闲健身还只是被定位在“怡情”上。所以为了更高质量地提升人们的身心健康，我们必须重新定义娱乐、休闲和游戏能够给人们带来精神放松和身体健康的意义。

然而，因为休闲涉及的领域极为广泛，想要给休闲下一个准确的定义非常困难。但是，休闲却一定和当时的心态、时间、运动方式和生活状态有很大的关系。

（二）休闲运动

随着社会的进步和经济的高速发展，社会对休闲体育的需求也不断增加，丰富多彩的休闲体育活动成为人们日常生活中不可或缺的重要内容。它不仅有益健康，还能增强幸福感，提高生活能力。

休闲活动有两类：一类为动态，一类为静态。动态的休闲活动主要就是休闲运动。休闲运动是人们利用闲暇时间，为了增进健康、丰富业余生活，同时达到修身养性的目的所进行的各种锻炼身体的运动方式。休闲运动让人们善度余暇，合理支配时间，同时是一种能够提高生活质量的社会文化活动。

（三）休闲运动的特征

1. 娱乐性

休闲运动的意义在于它赋予了身体运动独立的价值和乐趣，更完美地诠释了运动快乐的精神，它既不像竞技运动那样紧张和具有强迫性，也不会像单纯无目的的锻炼那么无趣，休闲运动是用富有情趣的生活内容来充实人们的闲暇时光，让人不管是身体上还是精神上都能得到极大的放松。

2. 创造性

健康的身体使人精神愉悦、精力充沛，能更好地从事我们感兴趣的游戏和运动。人们在进行休闲运动时、在与同伴进行各种活动的过程中，活动和环境的融合以及相对开放的社会空间，会引起人们情感的共鸣和审美的体验，让人体实现自身的超越，这种超越就是创造力的激发。

部分休闲运动也具有一定的挑战性，当某项运动的难度与运动者本人的技能相吻合的时候，运动者本人会在精神上高度投入与享受，心情也会极为舒畅。休闲运动中像攀岩、跳伞、潜水、蹦极等具有新奇性和冒险性的项目，可以在很大程度上能满足运动者的探索感。

3. 可选择性

休闲运动可选择的项目是多种多样的，它还包括选择接受参与休闲运动时会有的限制和规则，如老年人可以在秧歌、舞蹈乃至遛鸟等活动的群体中放松自我，精神得到满足；也可以在学校操场、球场或者健身房、青山绿水中体验不同的人生感受，享受繁忙、紧张工作之余的快乐。

三、民族传统体育运动

我国传统的健身养生法蕴含着五千年的华夏文明历史，在人民群众中有着良好的基础和流派众多的内容方法。其中以武术、气功养生最具特色。这些传统的健身养生法，简单易行，不限制场地，可自行控制运动量，并且集体或个人都可以进行运动。

（一）八段锦

1. 概述

八段锦在我国有文字记载以来已经有八百多年的历史，因此被我们比作精美的锦（由此可见八段锦受我国人民喜爱的程度），故得名八段锦。

2. 八段锦的特点和功效

八段锦作为流传在民间的一种健身体操，动作完整、全面。主要是用医学理论来解释动作对人体健康的作用，八段锦的运动量可大可小，长期坚持锻炼，对一些慢性病有很好的治疗和预防作用。

（二）五禽戏

1. 概述

五禽戏还被称作五禽操、五禽气功和百步汉戏，是古代的医疗体操，是由我国东汉名医华佗创造发明的，它因模仿鹿、熊、猿、虎、鸟五种禽兽的动作和神态而得名。华佗认为“身体不快，起做一禽之戏，恰而汗出，因以著粉，身体轻便而欲食”。华佗在前人总结的理论和经验的基础上创编出成套的五禽戏，不仅可以保健、强身健体，还可以治病。

2. 五禽戏的功效和特点

五禽戏的流派很多，动作繁简不一。但是五禽戏的健身、防治疾病的效果特别明显，如果能长期坚持练鹿戏能益腰肾，伸筋脉，增进行走的能力；练熊戏可以增强脾胃机能，强壮力量；练猿戏可以增强记忆，提高人体的灵敏性；练虎戏能增强关节功能，使人精力旺盛；练鹤戏可以锻炼肺呼吸机能，增加平衡能力。

（三）易筋经

1. 概述

古代的健身方法中，易筋经因为特点突出，一直在民间流传，是群众喜闻乐见的一种体育健身运动。易的意思是改变、筋是筋骨、经是方法，整个意思就是把羸弱的筋骨改变成强壮结实的筋骨的一种健身方法。

2. 易筋经的特点和功效

易筋经的整体动作都与呼吸密切相关，并且是采取静止性用力，整体上和五禽戏、太极拳有相似之处，其共同点是都要求动静自然、刚柔并济，长期坚持练习有增加肌肉力量、加强内脏器官的功能。

（四）太极拳

1. 概述

太极拳是在我国流传已久的拳种之一，因其动作绵延不绝，也曾被称为“长拳”或者“绵拳”。18 世纪末，山西王宗岳取《周子全书》中阴阳太极哲理来解释拳义，并著有《太极拳论》，从此之后，普遍都采用“太极拳”这一称呼。

经过长期的演变和流传，太极拳演变出了多种流派，其中流传最广、特点最明显的有陈式、杨式、吴式、武（郝）式、孙式这五式太极拳。虽然流派、姿势、风格各不相同，但总体来讲动作顺序和套路机构相似，练拳目的也相同（都是为了强身健体）。五式套拳，各有各的器械套路练法和推手，如太极棍和太极枪；也有对练，如太极推手、太极散手、双人粘枪、太极剑、太极刀等。

2. 太极拳的特点和功效

动作松静圆活，练习时以腰为轴、以意念为主导，不用蛮力，以柔克刚，讲究“引进落空”“四两拨千斤”。久练太极拳能调节中枢神经系统和自主神经系统的机能平衡，消除精神紧张，还能消除由神经系统紊乱引起的各种慢性疾病；减轻心脏负担，降低周围血管的紧张度，使得血液循环通畅，增加心肌供血量，改善循环机能；改善肺通气和肺换气的机能，提高呼吸系统的工作效率；调节内分泌机能，增强机体的生理机能；改善人体的免疫监视能力，提高抵抗疾病的能力；疏通经络，促进新陈代谢，增强体质，延缓衰老。

（五）形意拳

1. 概述

形意拳是中国拳术之一，也叫“心意拳”“心意六合拳”“六合拳”。关于形意拳的得名，说法不一：有人认为由于这种拳术要求“心意诚于中，肢体形于外”，外形和内意高度统一，所以称为“形意拳”；也有人认为这种拳术象形取意，取法为拳，表现了许多动物的特长，如虎的勇猛、猴的灵敏等，故名。形意拳起源于山西，距今已有将近400年的历史。清乾隆以后在山西、河南、河北广为流传，并形成多种流派。各种流派风格虽异，但运动特点均要求动静相间，节奏分明，气力结合，形神统一，身正步稳，快速整齐，动作严紧，手脚合顺，以及劲力充实，刚柔相济，完整饱满，稳固沉着。

2. 形意拳的特点和功效

动作简洁朴实，大多直来直往，一屈一伸，节奏鲜明，朴实无华，富于自然之美；动作严密紧凑、沉着稳健、身正步稳、快速完整。长期练习形意拳，可强健身体，锻炼勇敢、果断的精神，增进身心健康。

（六）八卦掌

1. 概述

八卦掌是我国众多拳种之一，创始人是清代中叶河北文安人董海川。又被称为八卦掌、八卦连环掌。由于在练习八卦掌时纵横交错，与“周易”中的卦象相似，因此得名“八卦掌”。

2. 八卦掌的特点和功效

八卦掌对于锻炼人体的柔韧度、耐力和速度有相当好的作用，尤其是增强下肢力量的效果更为突出。八卦掌的特点是随走随变，身捷步灵，敏捷多变，掌掌相连。

（七）气功

1. 概述

气功古称吐纳、导引、行气、服气、食气、练气、静坐、坐禅或内功等，是中国独有的一种健身术，在我国有悠久的历史。根据考证，早在周代金文（公元前 11 世纪—公元前 77 年）中就有了关于气功的记载。战国初期的文物《行气玉佩铭》就已记述了气功的理论与练法。我国现存最早的医学奠基《黄帝内经》里，已有关于气功的描述，以后各个朝代也都有关于气功的详细记载。

2. 气功的特点和功效

通过练功者的主观努力对身心进行意、气、体结合的锻炼，以达到健身和防治疾病的目的。长期坚持练习气功：第一，可以调和人体气血，平衡阴阳，提高神经系统的协调能力，增强心血管和呼吸系统功能；第二，气功锻炼对腹腔有按摩的作用，可以有效地增强消化功能，提高食欲；第三，练习气功可以提高人体潜力的发挥，调动自身的积极因素，起到自我控制的作用。

第三节　运动促进个体健康实施的原则

一、科学性原则

体育锻炼要讲究科学性，参加体育锻炼以前，必须进行健康测量与评价，以了解身体的发育和健康状况，尤其是心血管系统和呼吸系统的机能状况，并根据健康评价结果、个人的兴趣爱好合理地选择运动内容，合理地安排运动负荷、运动持续时间和运动频率。应选择全面锻炼、强度容易控制的、以提高心肺机能为主的有氧运动项目，选择能够对人体各部位、各器官系统的机能，各种素质和基本活动能力进行全面、系统锻炼的项目，以促进人体的全面发展。同时要注意体育锻炼与卫生相结合，注意均衡的饮食和营养，保证充足的睡眠，保持积极乐观的情绪及平和的心态，从而达到增强体质和提高健康水平的目的。

二、适用性原则

体育锻炼计划应符合人体的运动规律，任务难度要适中，要符合体育锻炼对象的年龄、能力等。过易或过难，都容易导致锻炼者的兴趣减退，影响锻炼的效果。

体育锻炼计划应具有全面发展身体、锻炼方法多样、形式灵活等特点，例如，经常练习长跑的人，也要尽量做体操、打篮球；经常打乒乓球的人，也要多练习长跑等。

体育锻炼计划还应充分考虑环境、运动场地、器材、设施及服装等条件，以便于计划能够真正落实。一些对场地、器材要求不高的运动项目具有适用性强的特点，如跑步、快走等，在选择运动项目时可作为首选项目。

三、循序渐进性原则

该原则是指在进行体育锻炼时，必须根据人体发展规律和个人的实际情况，逐步地提高锻炼的要求。运动的强度要由小到大，运动时间要由短到长，运动量要由少到多。对于长期系统的锻炼来说，循序渐进原则还应该体现在锻炼中总负荷量要逐渐增加，因为随着锻炼效果的发展以及体质的增强，机体对原来负荷所产生的反应会越来越小，锻炼的效果会有所减弱。因此，必须逐渐增加运动负荷的总量。对于某一次锻炼来说，机体从相对安静到运动状态需要克服内脏器官的生理惰性而有一个逐步适应的过程，因此，一次锻炼的运动负荷量要遵循从小到大的渐进性规律。

四、长期性原则

体育锻炼一定要科学、系统、有计划地进行，才能积累锻炼效果，逐步改善人体形态和机体各器官的机能，达到健身的目的。研究证明，通过体育锻炼所获得的生理机能的增强会因锻炼的终止而降低。因此，要想获得理想的健身效果，体育锻炼要持之以恒，不能中断。

五、启动积极的运动计划

我国体育运动中占有优势的项目有跳水、乒乓球、射击、体操、武术等，综合来讲，这些项目都对人体的柔韧性、协调性、灵敏性要求较高，足以证明我国人们在这些技能方面是有很大优势的。

健康最重要的因素就是坚持运动，医学之父有一句流传了两千多年的名句“阳光、空气、水和运动，是生命和健康的源泉”。因此，想要获得健康的体魄，除了大自然提供的阳光、空气、水等，还需要自己坚持不懈的进行运动，所以，现在开始就应行动起来给自己制订一个积极的健身运动计划。

（一）运动时兴趣是最好的老师

现实生活中，大部分人就是因为兴趣才会不断地走进运动场中进行锻炼，正是由于对运动的项目感兴趣，才会使我们在锻炼的过程中不会感到枯燥、乏味，反而充满快乐；也是因为兴趣这个老师，我们在运动中才会全身心投入，运动技能才得以快速提升。

（二）选择运动项目之前做好评价

评价指的是，运动者要对自己的身体状况有充分的了解，因材施艺地选择合适的项目进行锻炼。例如：力量和爆发力强的同学可以选择田径运动中的项目进行锻炼，如举重、投掷、跳跃类、短跑；身体灵敏性好的同学应尽可能地选择球类运动或者田径运动中的跳高、跨栏等项目锻炼；柔韧性强、协调性好的同学就可以多考虑武术、健美操、拉丁舞之类的运动。

（三）迅速提高运动技能的方法

1. 注重基本功的练习

俗话说：万丈高楼起于平地。良好的运动技能一定要建立在扎实的基本功之上，想要提高运动技能，一定要从最根本的基本功开始练习。扎实稳健的基本功，是提高运动技能的良好开端。

2. 良好的身体素质奠定了提高技能的基础

良好的身体素质也是提升运动技能的必要条件之一，运动者想要掌握高超的运动技能，没有良好的身体素质的支持是很难达成的。总体来讲，体能的改善和运动技能的提高是相辅相成的，二者相互成就。由于多数运动项目对于体能的改善是局部性的，所以，运动者在日常锻炼时一定要有意识地进行一些基本的体能训练。像游泳、健身等都是体能训练不错的方式。

第四节　运动中常见的生理反应及预防

人们为了强身健体和增进体能，在日常生活中总是有目的地进行运动锻炼；但是在锻炼过程中，如果姿势不正确或者锻炼方法不当就会产生运动损伤。如果因为运动损伤影响到身心健康甚至造成终身遗憾，就违背了我们参与运动锻炼的初衷。所以，在进行运动锻炼前，一定要先了解、学习一些基本的防治运动损伤的知识，正确地进行锻炼，避免运动损伤。

一、运动中常见的生理反应及注意事项

（一）运动性腹痛

1. 概念

在非疾病的原因下，运动时出现不同程度的腹部疼痛的现象称为“运动性腹痛”，最常见的是发生在较长距离的跑步时。

2. 处理方法

排除疾病的可能后，尽可能地采取减速慢跑和调整呼吸的运动策略，并用手部对疼痛部位进行轻轻按压来缓解疼痛。假如症状得不到缓解、反而有所加重，应立即停止运动或到医院进行诊断和治疗。

（二）肌肉酸痛

1. 概念

由运动而引起的肌肉酸痛一般可以分为急性肌肉酸痛和慢性肌肉酸痛（迟发性的肌肉酸痛）两种。急性肌肉酸痛有别于肌肉拉伤，可因肌肉的暂时性缺血造成酸痛现象，常伴随肌肉僵硬的现象，在肌肉做剧烈运动时才会发生，肌肉活动一结束，经过简单的恢复措施、不需治疗即可消失。有时肌肉酸痛不是即刻发生在运动结束后，而是发生在运动结束后的1~2天，称为延迟性肌肉酸痛。

2. 处理方法

缓解肌肉酸痛最好的方法是采用按摩和热敷的方法，帮助肌肉放松，促进酸痛部位的血液循环，缓解酸痛；还可以进行适度的静力拉伸练习，帮助肌纤维进行修复。

（三）肌肉痉挛

1. 概念

肌肉痉挛又被称作抽筋，是指肌肉不由自主地强直收缩。在进行运动练习时，最容易抽筋的部位是小腿三头肌，然后是足底的屈拇肌和屈趾

肌。肌肉发生痉挛时，常常疼痛难忍，并且短时间内不容易缓解。

2. 处理方法

根据痉挛部位，牵引痉挛肌肉，即可缓解。例如，游泳中发生腓肠肌痉挛时，不要惊慌，深吸一口气，仰浮于水面，用抽筋肢体对侧的手握住抽筋肢体的足趾，用力向身体方向回拉，同时用同侧的手掌压在抽筋肢体的膝盖上，伸直膝关节，即可缓解；如果不行，应大声呼救或立即上岸处理。

（四）运动性中暑

1. 概念

中暑是指在高温和热辐射的长时间作用下，发生体温调节障碍，水、电解质代谢紊乱及神经系统功能受到损害的症状。根据发病机制和临床表现的不同，通常可将中暑分为热痉挛、热衰竭和热（日）射病。运动性中暑通常指由于运动的原因大量产热，而造成运动者体内过热，发生高热出汗或肤燥无汗、烦躁、口渴、神昏抽搐，或以呕吐腹痛为主要表现的疾病。此症多见于从事较长时间或较大强度运动的运动者。

2. 处理方法

运动中运动者发生中暑时，首先应把患者送到阴凉通风处，对患者进行降温治疗，可采取药物降温法和物理降温法，并同时给患者补充葡萄糖溶液或者生理盐水。中暑严重的患者在经临时处理后，应紧急送往医院进行治疗。

二、运动注意事项

（一）剧烈运动后的冷水浴

剧烈运动后，通常会汗流浃背、身体疲劳，这时是不宜进行冷水浴的。众所周知，在运动过程中会消耗肌肉很多的营养物质，同时机体新陈代谢会增强，体内因为运动所产生的热量需要散发出去，即使运动停止，汗腺的散热任务也不会立刻停止。如果运动后立即进行冷水浴，会导致皮下血管突然收缩，体内的热量不能很好地散发出去，人体积留太多热量就会生病，因此一定要采取温水洗浴，以增进血液循环，消除疲劳。

（二）剧烈运动前后的饮食

运动时血液大量地供向运动系统的肌肉，如果进食后立即运动的话，消化系统还要承担繁重的消化任务，就会产生供血不足、影响消化系统的运作，导致肠胃疾病。运动前后和进食之间最少要有半个小时的时间间隔，这样消化系统的负担也小，也容易获得理想的锻炼效果。

（三）运动中的饮水

运动不仅会大量消耗能量，运动后因大量出汗也会丧失水分，人体缺水就会影响生理机能的工作能力。及时给身体补充体内流失的水分是生理的需要，不然运动者会出现口干舌燥、精神不振的现象。

（四）运动中的呼吸

运动中一直提倡用鼻子呼吸，但是有些同学认为运动时会增加通气量，单纯用鼻子呼吸根本满足不了人体的通气需求。其实，这种想法是不正确的，掌握好运动节奏，两个鼻孔完全可以满足人体通气的需求。假如实在难以做到，而又为了减少细菌的侵入，可在呼气的时候用嘴巴来辅助，但一定要用鼻子来完成吸气动作。

三、运动性疲劳及其恢复

（一）运动性疲劳

1. 运动性疲劳的定义

运动疲劳是一种正常的生理现象，通常是由于运动时间过长，导致身体功能出现暂时性下降，这对人体健康没有妨碍，一般通过休息就可以调整过来。

2. 运动性疲劳的成因

运动性疲劳也是一种生理性疲劳，是指在过度运动后身体会暂时性降低机体的运动能力。运动过程中，身体疲劳和心理疲劳有着密不可分的关系，两者相互影响，换句话说，运动性疲劳是心理疲劳和身体疲劳的总称。

（二）消除运动疲劳的措施

消除运动性疲劳常用的措施有物理手段（按摩、热疗等）、补充营养、心理恢复手段、积极性休息、睡眠等，这些方法都可以在短时间内有效地缓解因过度运动而带来的机体疲劳。

1. 按摩

人们在日常生活中常利用手、足、按摩器械等多种手法和工具，通过刺激体表的穴位，改善血液循环，加快人体新陈代谢，缓解疲劳，调节人体的生理功能，预防疾病的产生。

2. 合理补充营养

运动性疲劳最常见的原因就有人体能量的供应问题，关键是要能够在运动过程中供应合理的营养。一旦运动者出现运动疲劳的现象，应立即补充人体所需的糖分和维生素；特别是经常运动的人，一定要注意在日常生活中合理搭配饮食，保证人体充足的能量供给。合理的营养能增强体质，缓解运动疲劳，提高运动效率。

3. 心理恢复手段

疲劳包括身体疲劳和心理疲劳两种。千万不要小看了心理疲劳对身体疲劳的影响，在运动过程中，可以适当地采用心理手段对运动者进行积极的暗示和引导，让运动者在运动过程中获得相应的心理调节，让身体和心理得到放松。实践表明，科学、合理的心理治疗可以帮助运动者有效地缓解运动疲劳。

4. 积极性休息

如果长时间进行运动或体力劳动，大量的二氧化碳就会堆积在体内，使人们感觉到乏力、疲劳，人体机能就会下降。这时就要通过洗温水澡、按摩和物理疗法等一些积极的休息措施来进行改善，洗温水澡是最常用的且速度最快的消除疲劳的方式，按摩则可以加快血液循环，消除疲劳，恢复人体机能。

5. 睡眠

良好的睡眠就是最好的休息，生活中睡眠占据了相当一部分时间，好的睡眠不仅能增加生活原动力，还可以消除疲劳。科学的睡眠一定要具备以下几点。

（1）良好的睡眠环境。

（2）每天保持 7~8 小时的睡眠时间。

（3）最好要南北方向放床，枕头的高度在 10 厘米左右。

（4）科学的睡眠最好是仰卧或者向右侧卧，要避免趴着睡。

第五章　运动与大学生心理健康促进

第一节　大学生心理健康概述

大学生不管是生理还是心理都处在从青涩到成熟的变化期，属于人生发展的重要阶段，也是形成个性的关键时期；心理发展相对于生理发展稍微滞后，这个时期的大学生往往要面临择业、交友、人生选择的问题。所以，面对外界的压力和心理缺乏有效的调节和控制，使得大学生在心理上经常会有矛盾和冲突，严重的还会导致心理障碍和疾病的产生。因此，正确认识当代大学生的心理健康问题和探讨预防心理健康问题的措施具有重要的意义。

竞技体育的教育功能之一，就是通过榜样的作用激励千百万大众从事锻炼活动，从而提高全民族的健康水平。自 20 世纪 60~70 年代以来，这一领域已经引起了各国政府的高度重视。其中运动心理学的研究不仅因此形成了新的领域——锻炼心理学（Exercise），而且掀起了研究热潮，并取得了积极的研究成果。本章探讨的主要内容是：体育运动与心理健康的关系以及影响参加体育运动的心理因素。

广义地说，凡是体育运动都可以促进心理健康。但对“体育运动”一词的全面理解，应该包括竞技运动和社会体育。前者是指以突破个人身心极限、创造优异成绩为目的的训练和竞赛活动，后者是指以增进健康、促进个体全面发展、愉悦身心、丰富社会文化生活为目的的体育教育和全民性的体育活动。

根据美国学者邦尼宝妮·伯格等人（Berger 和 McInman，1993）的观点，短时间内竞技运动是没有办法促进心理健康的，因为竞赛本身就会给运动员带来巨大的心理压力、会使他们难以改善心境。休闲体育则不同，它不会对运动者本身带来压力，相反由于是自由选择项目，可以自由地选择运动量的大小、运动时间的长短并带有一定的趣味性，因此，有计划、有规律的身体运动或体育锻炼会给运动者带来巨大的心理健康效益。

一、心理健康的概念

心理健康的标准至少应包含三个维度，即：认知维度、社会适应维度、人格维度。满足这三个维度的标准，可称之为心理健康。心理健康其实是一种良好的生活状态。假如把人格中包含的很多习惯归于认知一类，那么就合并成了三种维度，就是情绪维度、认知维度和社会适应维度。

二、心理健康的判定标准

人们对心理健康的标准正如人们对身体健康的标准一样众说纷纭，各国学者也可谓仁者见仁，智者见智。并且各国学者从各自的角度出发，分别对心理健康提出了不同的判定标准。

（一）马斯洛的十条标准

根据资料记载，最早提出心理健康标准的是美国著名学者马斯洛（Maslow，1968）。

第一，生活理想切合实际。

第二，有足够的自我安全感。

第三，能充分地了解自己，并能对自己的能力做出适度的评价。

第四，能保持人格的完整与和谐。

第五，不脱离周围现实环境。

第六，能保持良好的人际关系。

第七，能适当地发泄情绪和控制情绪。

第八，善于从经验中学习。

第九，在符合集体要求的前提下，能有限度地发挥个性。

第十，在不违背社会规范的前提下，能恰当地满足个人的基本要求。

（二）张春兴的五条标准

我国学者张春兴（1991）认为，满足以下条件，才算得上是一个心理健康的人。

第一，对于自己有适当的了解，并且有自我悦纳的态度。

第二，情绪较稳定，无长期焦虑，少心理冲突。

第三，能与他人建立和谐的关系，而且乐于和他人交往。

第四，乐于工作，能在工作中表现自己的能力。

第五，对于生活的环境有适切的认识，能切实有效地面对问题、解决问题，不逃避问题。

（三）刘协和的五条标准

我国学者刘协和在 1993 年给心理健康下的定义有五条标准。

第一，智力发育正常。

第二，心理没有异常。

第三，人格健全。

第四，精力充沛。

第五，情感生活丰富等。

（四）季浏的四条标准

我国学者季浏（1995）则认为，符合下列四条标准即为心理健康。

第一，智力发育正常。

第二，对自己有正确的认知和评价。

第三，能正确良好地处理人际关系。

第四，良好的情绪控制能力。

尽管国内外各学者对于心理健康标准的看法各不相同，综合来讲，心理健康的判定标准无非就是要有积极稳定的情绪，发育正常的智力，良好的沟通和协调的人际关系，以及健全的人格和正确的自我认知。俗话说“人贵有自知之明”，讲的就是正确的自我认知，认知在结构类别上属于人格，所以说，心理健康的重要判定标准应该是自我意识。

根据已有的研究报道，体育运动可以给参加者带来心理效益，在总体上可作如下归纳（见表 5-1）。后面仅讨论一些研究较多的问题。

表 5-1 身体活动和身体锻炼对参加者的心理效益

增加或提高	减少或降低
学业成绩	工作缺勤
做事和决定果断	过度饮酒
信心 *	怒气 *
情绪稳定性 *	焦虑 *
独立性	抑郁 *
智力水平	痛经
心理控制	敌意态度 *
记忆力	恐惧感 *
良好心境 *	神经质表现
知觉能力	应激反应
人际关系	紧张 *
积极身体自我评价 *	A 型行为
性生活满意感 *	工作错误
健康幸福感 *	慌乱 *
工作效率	艾滋病毒在体内的发展

注：* 表示研究较多的问题。

三、大学生的心理特征

大学时期正是人从青春期到成熟期的发展过渡时期，虽然曲折，却是一生之中最为精彩、灿烂的一段时期。这个时期的大学生面临着人生中最为重要的学习、就业、择偶和创业等一系列重大问题。大学生需要具备应对这些问题的心理素质，从这个时期开始要学习锻炼成为一个有责任心、有信心的真正意义上的社会人。

（一）智力水平达到顶峰

大学生们不存在智力发育不完全的问题，更不会存在智力低下的问题，青年时期的大学生们感官系统发育完善，知觉、记忆、识别和智力项目会随着生理系统的日益完善而达到顶峰状态。青春期的大学生，喜欢新鲜事物，接受能力强，思维敏捷，因为在学校经过专业、系统的培训学习，逻辑思维和分析事物的能力都得到了良好的发展；但不可否认的是，青春期的大学生社会阅历尚浅，思想很容易受到不正确的思想左右，在看待问题时会有很重的主观色彩，在心理建设方面还需要进行调适。

（二）自我意识的发展

自我意识指的是人对自身以及自身和周围关系的认知，自我认知要经历童年和青少年两个阶段，在青少年阶段的发展速度更快。青少年时期的主要特点就是自我意识的发展，这个阶段他们开始把注意力集中到自我发展和自我关心上来。青春期的大学生对自我的认知还处在一个自我摸索和自我修正的阶段，更应该客观、公正地看待问题，不卑不亢、戒骄戒躁地度过这一发展期。

（三）情感丰富，情绪强烈而欠缺稳定

大学的自我情感体验丰富多彩，他们自尊、自信、个性张扬，交往范围在日益扩大，和社会、朋友、同学的交往日益频繁。大学生社会活动范围的扩大，会使其自我意识不断增强，情绪的表达更为细腻、复杂，他们更加强调自我和社会的融合。在兼顾国家和集体利益的同时也注重自我的发展。

（四）性意识的发展

青春期的生理发育和成熟给大学生带来了性意识的觉醒，让他们在对待性问题时产生了好奇与探知欲，同时会对异性产生爱慕之情，处于面临恋爱择偶的特殊时期，此时，正是大学生容易出现恋爱问题以及性问题的特殊时期。但是由于性知识的不足和缺乏两性之间交往的技巧与经验，如遇失恋、单恋的问题往往缺乏处理经验，会导致束手无策或者用不正确的方法错误地解决问题。这就要求大学生在与异性交往的期间，要掌握正确的性知识和保持正确的态度，正视两性问题，建立正常的两性关系。大学期间，大学生与异性友好的交往是解决大学生两性问题的最好途径。

（五）社会化需求

大学阶段是大学生重要的社会化过渡阶段，虽然社会生活和校园生活有巨大的差别，但大学生们丝毫不会因为这个影响自己投入社会活动的热情。他们渴望成功，充满理想与斗志，乐于参与社会活动，更愿意以成人的姿态去挑战社会新生活。但是由于社会经验不足，思想完美化，很容易在社会活动中遭受挫败感，出现理想与现实之间的矛盾。此时的大学生应该多方面接触社会，拓宽自己的视野，提高自己的操作能力。

第二节　运动与大学生心理健康的关系

一、体育运动与情绪的关系

由于情绪具有动机的作用，所以体育运动的情绪效益问题可能是国际上迄今为止研究最多的问题。实践证明，长期、规律地进行运动锻炼或者进行短时间的身体活动都会对人体情绪产生积极的调节作用。

长期的身体锻炼是指：每天都会按时进行或者定期进行身体锻炼，这种锻炼周期会持续相当长的一段时间，用于研究的长期身体锻炼安排一般都持续 10~12 个月。短期身体活动是指短期的、每次大约 30 分钟的身体活动（Cox，1998）。

（一）身体活动后的即刻效益

一般，测量短期身体活动的心理效益会在运动后即刻进行，主要包括运动后的心理感受以及身体紧张、焦虑、抑郁等的状况。测量常采用生理仪器或者运用问卷及量表形式，常用的量表主要包括：心境状态量表（Profile of Mood States，POMS）、状态—特质焦虑量表（STAI）、锻炼诱发感受量表（Exercise Induced Feeling Inventory，EFI）（Gauvin 和 Rejeski，1993），以及主观锻炼体验量表（Subjective Exercise Experiences Scale，

SEES）（McAuley 和 Courneya，1994）等。

1. 与心境状态的改善有关

心境（Mood）是指具有感染力微弱且较持久的情绪状态。保持良好的主导心境是心理健康的重要标志之一。

2. 与焦虑水平的下降有关

焦虑是一种对当前或预计的威胁所反应出的恐惧和不安的情绪状态。一项研究表明以下情况可有效降低焦虑水平：以 70%最大心率在跑台上行走；冥想；在舒适的沙发上休息。

3. 与应激和紧张的减少有关

应激（Stress）有三个方面的含义（Anshel 等，1991）：第一，身体的某一器官对环境刺激而做出的任何行为反应；第二，可能引起焦虑和唤醒某种情境；第三，因觉察到情境的威胁而造成的与自主神经系统唤醒有关的不愉快的情绪反应，通常是在个体感知的环境要求和个体自身反应能力不平衡时发生，紧张就是应激的一种表现形式。

（二）长期身体锻炼的情绪效益

1. 与健康幸福感有关

健康幸福感（Psychological Well-being）也称为心理自我良好感或感觉良好现象（Feel-better Phenomenon），是心理健康的重要标志之一。它是指与积极参加身体锻炼有关的某种兴奋、自信和自尊的情绪和态度体验，并且没有消极情绪（Anshel 等，1991）。

2. 对焦虑、 抑郁的治疗作用

一项研究（Long，1983）比较了步行、慢跑和应激免疫训练（Stress Inoculation Training）两种方法降低应激的效果。尽管关于长期身体锻炼与抑郁的关系问题目前尚有争议，但多数研究仍表明：身体活动和（或）身体锻炼对焦虑、抑郁症状的改善具有积极作用。

国外学者诺斯（Noah 等，1990）、佩特鲁泽罗（Petruzzello 等，1991）、拉方丹（La Fontaine 等，1992）等三位学者于 20 世纪 90 年代初期分别对身体锻炼与焦虑、抑郁的关系问题进行了元分析研究，所得结论引起了各国学者的重视。该三项研究被美国学者考克斯（Cox R H）称为该领域20世纪90年代的三大元分析研究。

（三）体育运动产生的情绪效益的维持时间

在锻炼与心理健康的关系领域中，一个值得关注的问题是：短期身体活动或长期身体锻炼后所产生的心理效益能持续多长时间。

1. 短期身体活动情绪效果的维持时间：最多24小时

Raglin和Morgan（1987）的试验研究了40分钟静息和进行一组有氧练习后血压和状态焦虑的变化情况。受测者分别为15名血压正常的人和15名用药物控制血压的人。研究结果发现：

（1）静息和锻炼均使正常人状态焦虑下降，使用药物控制血压的人状态焦虑显著下降（$P<0.05$）；

（2）正常人静息后和锻炼后血压下降，药物控制血压的人高压显著下降（$P<0.05$）；

（3）锻炼造成的血压下降可以持续2~3小时，而静息后血压在20分钟内恢复到原有水平；

（4）锻炼造成的状态焦虑下降可维持2小时，静息造成的状态焦虑下降只持续30分钟。

在另一项研究中，Seeman（1978）考察了男女受测者在45分钟有氧练习前后状态焦虑的变化情况。两者在锻炼后均即刻体验到了状态焦虑水平的显著下降，但在锻炼后4~6小时，受测者的状态焦虑水平向锻炼前的水平恢复，在24小时后与锻炼前水平持平。

看来，短期身体活动抗焦虑作用的持续时间最多也就是24小时，假如你坚持每天锻炼，就有可能降低焦虑并防止慢性焦虑的发生（Weinberg和Gould，1999）。

2. 长期身体锻炼情绪效果的维持时间：可达15个星期

另两项研究（Long，1984；Long和Haney，1988）比较了长期慢跑锻炼、抗焦虑训练应激免疫（Stress Inoculation）与渐进放松降低状态焦虑作用的持续时间。在两项研究中，受测者分别经历了2~4个月、每周2~4次的训练课程。结果表明，与静息对照组相比，慢跑组和抗焦虑训练组的状态焦虑和特质焦虑均显著下降，而且这种下降保持了 15 个星期，如图 5-1 所示。

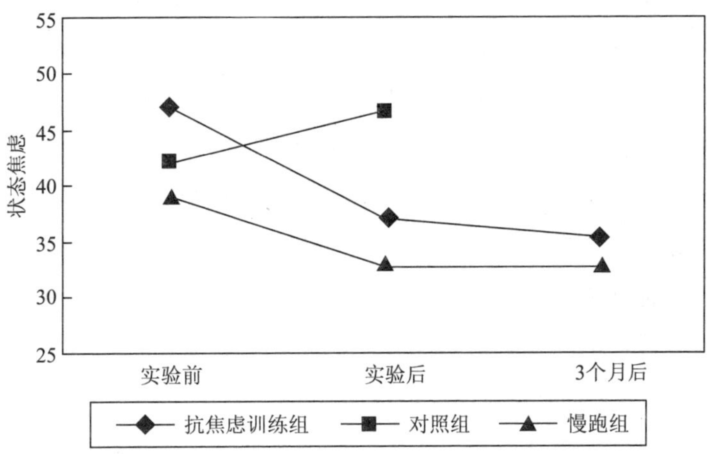

图 5-1　实验前后及 3 个月追踪测量的状态焦虑平均筑数变化

二、体育运动与认知衰老的关系

中老年人体育运动与认知功能的保持问题，实质上是锻炼与抗衰老的关系问题。中年期，一般指从 35~59 岁的年龄阶段；老年期，指从 60 岁以上至死亡这一时期。人到中年后，身体机能大多处于维持期和下降期，表现为随着年龄的增长，生理、心理机能出现不同程度的衰退。

中老年期，随着年龄不断增长以及衰老的出现，保持信息加工的速度是很重要的，这不仅是因为信息加工的速度在诸如开车、过马路、躲避危险刺激等日常生活事件中有重要作用，而且因为它与心理功能的其他方面（如对刺激的辨认、编码、组织、提取以及短时记忆等）也有着密切的联系（马启伟等，1996）。

（一）体育运动提高中老年人的认知功能的争论

一项对老年心理障碍患者的研究发现：身体锻炼可使其认知功能出现明显的进步（Powell，1974）。30 名年龄从 59~89 岁的老年人被随机分配到锻炼疗法组、社会疗法组和一个控制组中。锻炼疗法持续12周，包括快速行走、健美操和韵律性活动；社会疗法包括艺术和手工艺活动、社会交往和音乐。研究结果发现，身体锻炼组的渐进式矩阵测验（Progressive Matrices Test）和韦氏记忆量表（Wech-sler Memory Scale）的测验成绩出现了显著进步，而其余两组却没有。

然而问题并非这样简单。也有一些研究没有发现（Barry 等，1966；Powell 等，1971；Perri 等，1985）身体锻炼能够提高中老年人认知功能的证据。看来，身体锻炼提高中老年人认知功能的证据目前尚不充分，在获得更有力的证据之前，我们应谨慎地说，身体锻炼对中老年人的认知功能方面的效益或许不在于提高、而在于保持。

（二）身体锻炼与反应速度的保持

人的反应时会在年轻阶段达到顶峰，人到中年以后，反应时会随年龄的增长而衰退。反应时是人精神运动速度的重要指标。由此，我们不妨这样假设：如果身体锻炼能够有助于反应速度的保持，那么在同等条件下，积极参加身体锻炼的中老年人，其反应速度应高于不积极锻炼者。这一命题已基本上得到了证明。

有证据表明（毛志雄，1996；Lupinacci 等，1993），积极进行身体锻炼的中老年人，其简单反应时、选择反应时比同龄的不进行积极身体运动的人要快。

关于身体锻炼影响反应时的机制目前尚不清楚，有人（MacRae，1989；Toole 等，1989）推测：身体锻炼可能对大脑的氧供应、氧利用、神经递质的产生和功能甚至是大脑本身的结构有积极的影响，这些积极的影响使信息加工速度得以保持或提高。但这一学说还有待于进一步的验证。

第三节　影响大学生参加运动的心理因素

从心理学角度分析，影响人们参加体育锻炼的因素众多，首先是制定可行的锻炼计划和形成积极的锻炼动机，其次就是一定要选择有益于心理健康的锻炼项目并且长期坚持运动。

一、参加体育运动的动机

虽然，体育锻炼对人体有着积极的心理、身体的促进作用，并且这已经众所周知的，但是还是有相当一部分人进行体育锻炼十分被动。因此，引导人们树立积极参与体育锻炼的内在动机尤为重要。

所谓“动机”，它的含义是：能够维持并且引导人活动并能把活动引导向预定目标的一种理念，用来满足人体急需的愿望和理想。由此可见，动机是人体内在的一个过程，身体锻炼的效果则是这个动机内在过程引导的结果。

二、不参加体育运动的“理由”

除了健康状况不允许之外，任何人都没有充足的理由不参加体育运动。而有些人常常会找出各种各样的“理由”拒绝参加体育运动。加拿大健康与生活方式研究所的一份报告中指出：不活动的人使用得最多的理由是：“没时间”“没精力”“没动机”（Canadian Fitness and Lifestyle Research Institute，1996）。该所于 1992 年的调查资料，见表 5-2。

表 5-2　身体锻炼的障碍分析

障碍	人数百分比	障碍类型
主要障碍		
没时间	69%	个人
没精力	59%	个人
没动机	52%	个人
中度障碍		
花钱太多	37%	个人
疾病或受伤	36%	个人
附近没有活动设施	30%	环境
感到不舒服	29%	个人
没有技术	29%	个人
害怕受伤	26%	个人

续表

障碍	人数百分比	障碍类型
次要障碍		
没有安全的地点	24%	环境
孩子缺乏照顾	23%	环境
缺少一个同伴	21%	环境
锻炼项目不多	19%	环境
缺乏支持	18%	环境
缺少交通工具	17%	环境

仔细研究上述锻炼障碍，可以考虑：

第一，所列障碍在一定程度上呈现出了不参与运动的锻炼者的价值取向；

第二，所罗列的众多障碍大多是不参与运动锻炼者的主观感觉，并没有科学依据。

所以，组织体育活动者一定要认真分析有碍于人们参加运动锻炼的真正原因，积极宣传参与体育运动对于身心健康的重要意义，正确地帮助运动者纠正主观上对运动认识的偏差，提高人们对运动锻炼的价值意义的认识，从而更好地鼓励人们积极参加体育锻炼。

三、退出体育运动的原因

调查数据表明，人们在参加锻炼一段时间后，会有部分人出于各种原因中途退出，数据显示退出锻炼的原因主要有三种：第一，有部分人认为运动锻炼占用了太多工作和生活时间；第二，在健身中心的运动在时间和金钱上的花费偏高；第三，由于家庭成员生病，失去了锻炼的乐趣。

需要注意的是，在运动锻炼过程中，未实现预期目标的人更容易半途而废，以半年为期限，未达到目标者有92%的人退出了锻炼，而实现预定目标者有60%的人会继续锻炼。这些数据说明，在运动初期为锻炼者设置正确的、合理的锻炼目标，对于降低锻炼者的锻炼退出率具有极为重要的意义。

四、大学生常见的心理问题

（一）人际交往

我们在幼儿时期就会通过表情和外界沟通，例如：用微笑来代表心情愉悦，用哭泣来表示反抗的情绪；再后来，和小伙伴们一块儿游戏，和同学们一块儿学习；踏入社会后和同事、上下级、亲朋好友以及陌生人接触。所以说我们从出生起就没有间断过和外界打交道。心理学家也曾指出：每一个人都有爱与被爱的需求，通过人和人之间的相互交往，我们不但可以获得情感的交流，也会从彼此的身上得到很大的信息帮助，这对于我们融入社会以及提高个人综合素质都会有很大的帮助。

1. 促成大学生人际交往障碍成因

第一，家庭的影响。目前的大学生大多数是独生的一代，家长为了避免孩子受到伤害，给予孩子过多的保护，更有甚者大量减少或者剥夺孩子的人际交往，凡事都是家长代为处理、只注重孩子的学习成绩，孩子和外界沟通锻炼的机会少之又少，造成孩子人际交往能力的提高大大受限。

第二，情绪障碍。大学生由于处在不太成熟的年龄阶段，社会经验不足，处理事情缺乏稳定性，判断事情仅凭个人喜好，显得有些情绪化。

第三，认知的误区。由于大学生的知识面相对较窄、社会阅历尚浅，对待事物的看法不能十分全面，但是往往年轻气盛又有强烈的自我意识，更多地想用自己的习惯去判断和认知社会。这些偏离现实的完美理想化的想法定然会导致出现人际交往上的偏见，容易造成大学生对现实人际关系状况的不满，从而产生人际交往障碍。

第四，个性障碍。个性通常是指人们在各种心理过程中展现出来的心理特点，包括一个人的性格、气质等。青少年在性格养成中培养自己独立性强、乐观、聪明、坦诚以及热衷奉献等，对未来的工作生活都有极大的帮助，反之，在人际交往中则不太受欢迎。

2. 人际交往困难的具体表现

第一，自卑。通常自卑心理来源于不恰当的自我评价和不断地自我否定、自我封闭的状态。在主观判断上总是认为自己不如别人，不断地自我否定，不断地加深自我封闭性。

第二，孤独。孤独会给人体健康带来很大的危害，人一旦感觉孤独，就会产生不良的情绪，如抑郁、烦躁、沮丧等，还容易产生孤芳自赏的心态，总是认为别人不够通情达理，达不到自己的水准，不能理解自己，导致很难入群，更不容易融入社会。

第三，嫉妒。嫉妒这种情绪掌控好的话，可以通过和别人的对比明白自己的不足，转化成一种积极向上的动力，但是如果掌控不好，产生嫉恨的心理，就不容乐观了，这可能会演变为偏激、暴怒和过激。

第四，社交恐惧。有社交恐惧症的学生，在人群中会感到焦虑不安，不喜欢待在人群中、害怕见人，和人交谈时语无伦次、手足无措，这种情况不仅会给人际交往带来很大的问题，也会给学习带来很多的困难。

3. 如何培养人际交往的技巧

第一，学会倾听。人际交往沟通时，不只要能简练、准确地表达自己的想法，更重要的还要学会聆听。一个真诚的听众不仅能让对方心情愉悦，自己也会乐在其中。做一个合格的听众，是一种友好的体现，也是一种修养。

第二，自我表达。在社交生活中，能够在合适的机会中恰到好处地把自己的优点展现出来，可以加深别人对自己的好感，并把自己的内心所需成功地传达给别人，建立相互信任和亲密的关系。

第三，学会赞扬和批评。双方在交谈时，要充分利用赞扬和批评的技巧，避免一切正面冲突，用婉转、轻松的方式，在充分尊重对方自尊心的前提下进行沟通。

第四，培养良好的性格基础。良好的性格可以形成独特的自身魅力，首先应以真诚、认真的态度对待周围的人和事，这是建立相互信任的第一步。

（二）学习问题

对大学生来说，学习处于主导地位，只有增强自学能力、培养自己独立学习和独立研究的能力、把理论和实践科学有效地结合，才能更好地学以致用。但是在刚走进校园的时候，部分大学生因学习动力不足，容易受周围环境影响，导致学习效率偏低；学习方法不正确的学生，往往要付出大量的时间和精力，但是效果并不太理想。针对这种情况，学生应该积极改善目前的学习方法和手段，结合自身的特点，采取合适的方法，提高学习效率。

大学生在在校学习的过程中，经常会因为要面对考试而精神紧张，同时伴有失眠、注意力不集中等现象，使考试及复习往往达不到应有的效果，严重的学生还会有逃避考试的行为。为了避免这一现象的出现，大学生应该对自己有正确的认知，做合适的期许来缓解考试前的焦虑。

（三）就业问题

大学生在完成学业之际，意味着也立刻踏上了人生的另一个重要时刻——择业。目前严峻的就业形势、专业结构不合理以及人才供求双方的差异等问题，使得大学生苦恼和彷徨。但是作为受过高等教育、朝气蓬勃的年轻人，首先要有正视和解决问题的勇气，然后再根据实际情况制定出切实、合理的求职方法。

（四）恋爱与性的问题

爱情一直是人类永恒不变的话题，现在社会已经认可大学生的恋爱观，在校大学生结婚也已经被国家法制部门允许。大学生刚从紧张、繁重的高考压力中解脱出来，正面临着性生理的成熟阶段，这时尝试和异性交往、与异性和睦相处也是大学生面临的一个问题，因此，大学生要学会正确地处理现阶段的爱情问题，为将来的婚姻家庭生活做准备。

（五）网络问题

互联网最初是美国军方发明的，当时只限军事机构和少数的科研人员使用，1993 年对外开放后，短短时间互联网给人类带来了翻天覆地的变化，人们在工作、生活中都获得了极大的便利。然而事物本来就是具有两面性的，互联网在带给人们便利的同时，也有不好的一面，互联网在给大学生带来更丰富、广阔的知识面的同时，也带来了一些负面影响。部分学生会沉迷于网络世界不能自拔，游戏、聊天占用了部分大学生的多数时间，在大学中常有挂科、留级和劝退的现象出现。

第四节　运动健身的心理学理论

一、运动健身的心理学理论

体育健身的心理学理论主要有两类：一类是，解释体育运动能促进心理健康的原因的理论；另一类是，解释人的锻炼行为的影响因素的理论。前者回答的是体育健身行为的意义问题，后者回答参加体育健身活动的原因和锻炼行为的预测问题。

（一）体育运动促进心理健康的原因

为了能够从理论上更好地解释锻炼身体时对心理效益促进的机制，美国学者考克斯（Cox，1994、1998）在前人研究的基础上总结出六项基本假说。

1. 内啡肽假说（Endorhpin Hypothesis）

内啡肽假说指出，身体在进行运动时会促进大脑分泌一种消除疼痛并让身体有欣快感的化学物质内啡脓（具有吗啡作用），内啡肽所引起的身体的这种欣快感可以有效降低焦虑、抑郁以及其他消极情绪，由于研究证据不足，虽然这是一个很有吸引力的假说，但是目前还没有人体试验可以明确支持这一假说。

2. 转移注意力假说（Distraction Hypothesis）

转移注意力假说指出，在身体进行运动锻炼时给人们提供了一个能够转移对自己消极情绪的注意力的机会，从而使像焦虑、抑郁、挫败感等情绪在短时间内出现下降的现象。

3. 心血管健康假说（Cardiovasular Fitness Hypothesis）

心血管健康假说指出，锻炼身体可以提高心血管系统的机能，增强心血管的渗透性和收缩性，同时由于进行运动锻炼时心情状态良好，还可以有效改善心血管的健康状况。良好的血液循环可以保持体温的恒定，还可以保证神经纤维传导的正常性，从而促进心理健康。

4. 社会交往假说（Social Interaction Hypothesis）

社会交往假说指出，人们在进行运动锻炼时与人进行的社会交往是轻松愉快的，因此，锻炼有利于心理健康的促进。

5. 认知行为假说（Cognitive Behavioral Hypothesis）

认知行为假说指出，人们在进行运动锻炼时可以获得愉悦的心情和积极的思维，而这些快乐的、具有正能量的心情和思维对于焦虑、抑郁等一些负面消极的情绪有治愈、抵抗的作用。

6. 胺假说（Amine Hypothesis）

胺假说在理论上指出，锻炼身体能够刺激神经递质的分泌，而神经递质类化学物质分泌量的多少和心理健康的程度也有很大的关联，所以，运动锻炼可以有效地促进心理健康。

（二）锻炼行为理论

人为什么要参加体育运动？锻炼行为理论有助于深入理解锻炼行为。目前这一领域的主要理论模型是：健康信念理论（Health Belief Model，HBM），计划行为理论（Theory of Planned Behavior，TPB），转换理论模型（Transtheoretical Model，TTM），社会认知理论（Social Cognitive Theory，SCT）。

1. 健康信念理论

HBM假设指出，人是否会产生预防性的健康行为（如参加体育运动），取决于其对自身潜在疾病的严重性的知觉，及其对采取行动的代价与所获利益的评估。一个人如果知道自己潜在的疾病十分严重，并且自己处在危险之中，且经自我评估赞成意见胜过反对意见的时候，他就可能会采取健身行为。

健康信念理论的问题与现实情况会有一定的出入，现实中大部分人参与运动锻炼或者健身活动，并不是专门为了减轻身体上的病痛，但是它还是能够在一定程度上解释人们不参加运动锻炼和健身活动的原因。

2. 计划行为理论

TPB（Ajzen，1985）假设指出，人的行为（Behavior）取决于行为意向（Behavioral Intention）；行为意向是由个人对行为的态度（Attitude Toward the Behavior）、主观标准（Subjective Norm）和所体验到的主观控制感（Perceived Control）共同决定的；主观控制感不仅决定行为意向，而且对行为的产生也有一定的预测作用，如图 5-2 所示。

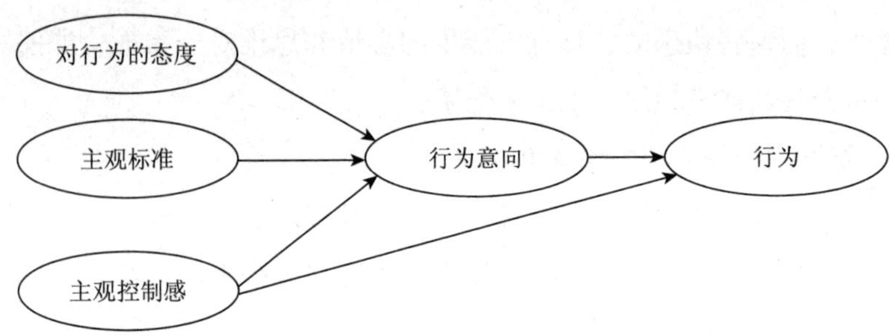

图 5-2　计划行为理论

计划行为理论考虑到锻炼身体是自愿行为，因此特别注重态度的动机作用，并且将客观环境的作用体现在主观标准和主观控制感这两个因素之中。外因通过内因起作用，想要激发身体进行运动锻炼的动机，首先要端正自身对锻炼的态度，其次还要建立起必要的社会支持系统。

3. 转换理论模型

前面的两个理论回答了人为何锻炼以及为何不锻炼的问题，而 TTM 理论模型所关注的是人从“静止”到活动再到保持活动的动态变化过程。TTM 理论模型将人的整个锻炼过程分为循环变化的五个阶段（Prochaska 等，1992），如图5-3所示。

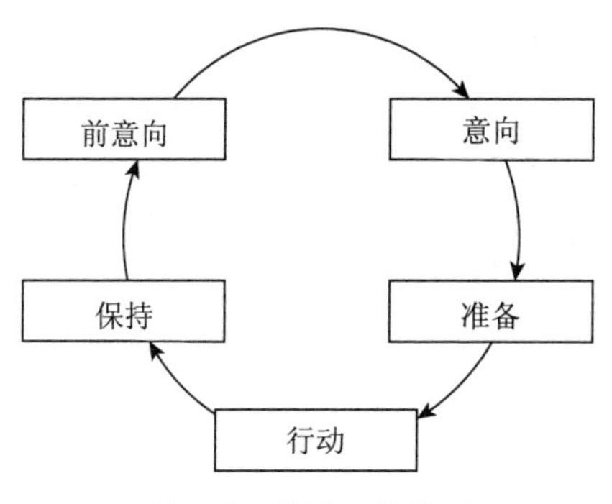

图 5-3　转换理论模型

第一阶段是前意向阶段（Precontemplation Stage），该阶段，个体不打算在 6 个月之内开始锻炼，称作"我将不会……"或"我不可能……"阶段。

第二阶段是意向阶段（Contemplation Stage），该阶段，个体打算在 6 个月内开始锻炼，称作"我可能……"阶段。

第三阶段是准备阶段（Preparation Stage），该阶段，个体产生了直接参与有规律的锻炼的意向（在随后的 30 天内）和承诺变化行为（有时伴随着小的行为变化。例如，在健身中心报名、买一双跑鞋、甚至无规律地参加体育活动），称作"我将……"阶段。

第四阶段是行动阶段（Action Stage），该阶段，个体参加有规律的身体锻炼（每周三次以上，每次至少 20 分钟），但尚未坚持 6 个月。这一阶段是最不稳定的阶段，存在着退出锻炼的"危险性"，同时也可能是最"忙碌"的阶段，因为他可能正在尝试各种能改变过去行为习惯的方法。

第五阶段是保持阶段（Maintenance Stage），该阶段，个体已经坚持有规律的锻炼活动达 6 个月，称作"我已经……"阶段。如能保持 5 年，则很有可能成为终身锻炼者。

转换理论指出，人体所处的锻炼阶段是一步步动态演变的过程，人体在不同的阶段应采用不同的行为转变策略，促使身体向行动和所保持的阶段转换。

因此，想要更好地激发更多的人参与运动锻炼，要求组织锻炼者能准确地判断好锻炼者所处的阶段，采取合适的锻炼措施，帮助锻炼者顺利实现预期的锻炼目标；反之，就会造成部分锻炼者退出锻炼。

4. 社会认知理论

SCT 理论可能是迄今为止最为复杂的锻炼行为理论，是班图拉于 1986 年（Ban-dura，1996）提出的。该理论的核心内容如下。

（1）行为是由三种因素组成的，即个人因素、行为因素和环境因素。三种因素相互作用，相互影响，互为决定因素。

（2）个人因素中又包含三种成分，即生理、情绪和认知。

（3）在个人因素的认知成分中，能够决定人的行为、帮助人们实现目标的重要内容就是自我的效能感，单就锻炼身体而言，自我效能感高的人，更容易实现自己的目标。

二、运动的心理调节

运动不仅对身体健康有良好的促进作用，而且可以有效地提高人们的心理健康和促进人们尽快适应社会，并且能从多方面提高人们的生活质量和增强人们的社会满足感。

（一）产生良好心理效应的因素

从运动中获得的良好心理效应的因素比较多，主要因素有以下四种。

1. 喜爱运动并能从中获得乐趣

喜爱并能够在运动中获得乐趣是人们在运动时产生良好心理效应的重要因素；反之，如果对运动没有兴趣，在运动中就不会有满足感产生，也不会有很好的情绪体验。

2. 运动应以有氧活动为主

在众多的运动项目中，慢跑、散步、骑自行车、游泳、跳绳、保健操等都属于有氧运动，在进行对抗性运动项目时，一定要掌握好运动的强度和运动量的大小。对于在校大学生来讲，体操和各种球类运动都是不错的选择。

3. 运动负荷应以中等强度为宜

在运动锻炼的过程中，有研究表明，每次运动锻炼的时间最好不要低于 20 分钟，心率控制在最大心率的 60%~80%，每周要坚持运动 3 次以上，这样才能为身心健康提供最大的保障。

4. 持之以恒地进行体育锻炼

运动锻炼对于心理健康的积极效应，只有在长时间进行规律锻炼的基础上才能展现出来；随着运动总时间的不断累积，运动所产生的良好心理效应就会不断得到增强。

（二）运动与应激

应激是指人体对应激源做出的本能反应。它是一种由多种因素相互作用、相互影响的过程，包括应激源、个体对应激源的评价以及个体的典型反应等因素。

应激源是指引起应激反应的刺激因素，引起应激反应的刺激因素有生理的、心理的、社会的和环境的因素。生理应激源有热、冷、病、饥饿、睡眠不足等；心理的和社会的应激源有家庭的期望、失去朋友、同其他重要人物发生矛盾、孤独、隔离、失业、失学、司法纠纷、抑郁、焦虑、恐惧等；环境应激源有噪声、污染、洪水、恶劣的气候、人口膨胀等。在日常生活中，这些应激源我们都有可能会遇到。对大学生来说，应激源可能是测验与考试，或是不喜欢某门课程、不喜欢某位教师、不喜欢与某些同学交往等。

在运动中经常产生的应激，主要是情绪波动、沮丧、过度紧张、心理压抑和焦虑。情绪变化通常是正常的和必要的，从一定程度上来讲，情绪波动贯穿于整个生命过程，但情绪波动过大，会给身体健康和体育锻炼带来消极的影响。沮丧是指在某一目标受阻时，心理产生的一种消极的情绪反应；过度紧张是由于负担过重，使有机体神经处于不正常的工作状态；心理压抑反应（刺激过度）是由单调、寂寞的生活和工作而引发的消极情绪；焦虑是情绪波动的一种表现，是导致更深刻情绪波动的一个根源，常常是由想到一些自己害怕的事情而产生。

针对有规律的锻炼能减少或能有效控制应激的这个问题，有很多理论试图对其进行解释。有的理论认为，运动锻炼属于娱乐类活动，运动可以帮助人们把头脑从紧张、沉重的思维中短暂地解放出来；还有的理论认为，人们在进行运动锻炼时会引发大脑释放一种自然合成的化学反应因素——内啡肽，这种内啡肽因素在发挥作用时，能够有效阻碍大脑中和应激有关的化学物质发挥作用。

在进行身体素质锻炼的过程中，如果一个人处于严重的情绪波动状态下，会降低身体对外界各种影响的抵抗力，从而影响其坚持进行体育锻炼的意志和决心。在此情况下，人们既不可能从事有效的锻炼，也不可能获得有效的休息。总之，要想使运动达到良好的效果，就必须排除会引起情绪波动的因素。

（三）自生放松训练

奥地利精神病学家舒尔兹提出的自生放松训练方法是目前被普遍采用的一种放松技术。

自生放松练习一定要在老师的指导语或者自我指导语的暗示下缓缓进行，首先，想象自己的四肢是温暖的、沉重的，当大脑想象这些状况时，人体能够在这些位置增加血量，放松反应会突然发生，当身体得到放松后，接着开始想象一些镇静的情景，如在夏日平静的湖面上泛舟、在绿柳成荫的公园里散步等，来使头脑放松。

自生放松训练的可贵之处在于每个人都可以通过自学掌握其基本动作，它对治疗失眠、消除疲劳有显著的功效，还能帮助他人控制自己的情绪。

要想掌握“自生放松”技术，必须发展自我调节的能力，即要学会以下三点。

1. 控制骨骼肌的紧张度

按照自己的愿望使之放松，当有必要时能集中它的力量。

2. 按照自己的意愿形成所需要的情绪状态

通过放松肌肉来降低兴奋性，自己默念词句可使身心达到安静状态。

不是由意志下达命令直接影响植物性神经系统的机能，而是间接地、通过复现记忆中过去的体验和感觉来实现的。

3. 控制注意力

把注意力集中到所需要的方面，需要放松和入睡的时候能将它从注意对象上转移开。

那么，人体有哪些组织系统参加了上述过程呢？首先是第二信号系统（思想、语词），然后是肌肉组织和呼吸系统。在反射性联系的基础上这种结合会逐渐固定下来，要不了多久就能形成习惯。只要一想到放松时的感觉，肌肉马上就能放松，呼吸也会更有节奏。

放松的方法有很多种，但各种放松方法的共同点是：练习者都必须要高度注意来自于他人或者自我的暗示语，同时做深沉的腹式呼吸，从而完全放松全身的肌肉。

由于大脑和骨骼肌具有双向联系，在心理紧张时，骨骼肌会跟随大脑不由自主地紧张；反之，在心理放松时骨骼肌也会自然地放松。因此，通过心理放松，可以使肌肉得到完全放松，从而降低心理的紧张度。

人们在进行放松训练时经常使用的暗示语有："我感觉很放松""我的双臂和双手感觉是温暖的""我的头脑是安静的，我感觉不到周围的一切"等。

（四）超觉静思

"超觉静思"（Meditation）也称闭目而思。

自古以来，超觉静思具有很好地降低应激水平的效果，是很多杰出人士常用的一种放松方式。他们调整好呼吸，端正姿势、内视自己、闭目养神，把意志集中在一点上，进入万年皆空的境界。整个完整的静思一共需要3分钟的时间，分三个阶段进行。

1. 静坐

静坐，在安静的空间内像和尚打坐那样盘腿，端庄、稳定地坐好。

2. 调息

坐好之后，开始"调息"，即调整呼吸。

我们的内脏器官都是在自主神经系统的支配下活动的。即使我们在睡着的时候，它们仍然在工作，意志是无法控制它们的。但例外的是呼吸运动，唯独呼吸具有不可思议的两重性，它既可以在我们无意识的时候进行，同时又可以根据我们的意志或快或慢地进行。这是由于呼吸在接受自主性神经系统支配的同时，也在接受大脑中枢神经系统的控制，它具有可接受两重支配的特殊性。这一点也正是通过“调息”能够使精神集中的重要原因。

人在高兴时，会呼吸急促；悲伤时，会不由自主地叹气。在体育比赛或考试之前，有人经常会感到心慌烦乱、呼吸加快，有时甚至于休克而呼吸暂停；然而心理素质好的人，在同样的情况下，却能够心平气和，不发生上述现象。所以说，呼吸与精神之间有着密切的联系。而且，人的意志对呼吸的控制能够达到一定的程度。“调息”可以使人的身心稳定和谐，大脑机能充分发挥生理机能。

静坐是“调息”的准备，静坐好之后便可开始“调息”，其做法如下。

第一，首先采取腹式呼吸法。做法：全身放松，端坐，慢慢地鼓起肚子，同时吸气，再慢慢地收缩腹部，同时吐气。重复练习几次，逐渐减少呼吸的次数，由最初的 1 分钟十几次减少到每分钟七八次，最后达到每分钟五六次。

第二，保持内心安静，冥想。做法：全身放松，端坐，双目自然微合，调整呼吸。注意，如果紧闭双目，太过用力，反而会导致内心杂念横生；睁开双目，则会受外界干扰，不得宁静。

3. 默念关键词

集中精神，在心中反复默念关键词，把要解决的问题深深地刻入清晰如镜的头脑中。大约持续 3 分钟左右，再轻轻睁开双眼，结束超觉静思状态。

关键词的选择方法：应该尽量选择包含着自己愿望并能使自己产生信心的词句，例如：“做则成，弃则废”“干则成，必成，快干”“信念可穿石”。

（五）表象训练

表象训练又称念动训练、想象训练、心理演练等，它是指有意识地、积极地利用所有感觉，在脑中对过去经历过的事进行重现或者再创造的过程。使用这种技术能够降低个体的应激水平。其具体方法有如下几点。

1. 表象转移

实施这一方法，主要是把个人从失败或应激的情景表象中转化到积极向上的情景表象中。具体实施此方法时，应该采用“思维暂时终止法”，即当我们头脑中产生焦虑的情绪时，应该自己及时地终止目前的思绪，转而开展愉快的想象情景。

2. 回想成功情景或者经历

当一个人体验到焦虑时，他可以想象以前成功的经历和结果。克拉堤曾报道过一个研究：一位体操运动员对在异国体操馆比赛感到紧张，因此他立即回想自己在本国体操馆比赛时受到观众热情支持的情景，之后发现这个运动员有效地减轻了自己已经体验到的焦虑情绪。

3. 技能的表象训练

技能的表象训练有助于降低应激反应，尤其是个体在体育考试之前进行技能表象训练，可使自己对成绩的担忧转移到对该活动的注意上，例如在投篮考试前，首先可以想象自己正在一个无人的体育馆内投篮；然后想象自己在有同伴的情况下投篮；接着想象在所有同学注视自己的情况下投篮；最后，可想象在同学对自己发出伤害性语言的情况下投篮。

三、心理健康测量

心理健康测量是为了弄清自己或他人心理健康状况而采取的一系列检查措施。这种检查需依照一定的标准和规范来进行，其结果是通过一定的赋值方式而产生的且具有确定性的特征。因此，就其实质而言，心理健康测量是采用某种被认为能反映人心理健康状况的标准化尺度、对人的心理行为表现进行划分，以推断其心理特征结构在健康尺度上所处的位置的方法。

（一）心理健康测量的内容和方法

人的心理由智力、人格、心理适应能力及良好的人际关系所组成。心理发展健康的基础是智力发育正常，良好的社会适应能力、良好的人格和能妥善地处理人际关系则是心理健康的必备条件，它们构成了心理健康的完美模型。由此，世界各国的心理学家们研究制定出了许多不同种类的心理健康测量标准化评判指标和方法，其评判指标和方法一般都采用测验、问卷、量表等形式。这些测验、问卷、量表能从不同角度、不同层面测量出人的心理健康状况。但由于心理健康测量的内容和方法繁多，在此不可能作全面、详细的论述，只能就与大学生心理健康关系较为密切的几种测试内容和方法作简单的介绍，同时向大家推荐一种简便、实用和有价值的心理健康综合测量表。

（二）几种常用的心理健康测量表简介

1. 气质测量表

气质是个体心理活动稳定的动力特征。所谓心理活动的动力特征，主要是指心理过程的速度和稳定性，如知觉的速度、思维的灵活性、注意力集中时间的长短；心理过程的强度，如情绪的强调、意志努力的程度以及心理活动的指向性等。

心理学把人的气质分为四种类型：胆汁质、多血质、黏液质、抑郁质。气质类型会影响人的行为方式。了解自己的气质类型可以加深对自我心理特征的认识，扬长避短，优化人格；也可以帮助咨询人员客观地了解咨询者的心理特点，以寻求更为适当的指导方法。

目前国内应用最广泛的气质测验是由陈会昌编制的气质自测量表，由60个问题构成。根据测验得分，可以初步判定一个人的气质类型。

2. 卡特尔16种人格特质测量表

卡特尔16种人格特质测量表（简称16PE）是美国心理学教授卡特尔综合采用按摩法、实验法和多因素分析法，并在确定了人格结构的16种特质的基础上，编制的理论构想型测验量表。卡特尔所确定的16种人格特质的名称和符号是：

A 群乐性 B 聪慧性 C 稳定性 E 持强性

F 兴奋性 G 有恒性 H 敢为性 I 敏感性

L 怀疑性 M 幻想性 N 世故性 Q 忧虑性

Q1 试验性 Q2 独立性 Q3 自律性 Q4 紧张性

上述人格特质因素是各自独立的，每一种因素与其他因素的相关度极小。由于这些因素可以进行不同的组合，这就构成了一个人不同于其他人的独特个性，将 16 个分量表的得分放在一起，可以得到关于受测者的个性剖析图；同时，通过对测试结果的分析，可以评价出受测者在不同职业的发展潜力，可作为就业咨询的参考因素之一，还可以作为精神心理诊断的一种参考。

16PE 由 187 个测验项目组成，包括 16 种人格特质因素，每一测试题备有 3 个可能的答案，可供受测者折中地选择。

3. 艾森克情绪稳定性诊断量表

情绪的稳定性及适应性是衡量一个人心理是否健康的重要因素之一。英国著名心理学家艾森克运用因素分析的方法对情绪的稳定性进行了因素分析，并在此基础上编制了一个包含七个方面的情绪稳定诊断层表，具有较高的可信度。它适用于对大学生情绪稳定性的诊断。

此量表由 210 道测试题组成，其中包含 7 个分量表，每 30 道题为一个量表，分别从自卑感、抑郁性、焦虑、强迫性、依赖性、疑病症和自罪感七个方面评价一个人的心理健康状态。

根据受测者在 7 个分量表上的得分可做出情绪稳定剖析图，此剖析图可反映出受测者的情绪稳定程度，从而为心理咨询提供依据。

4. 人际关系综合诊断量表

大学生在人际关系上存在的一些心理健康问题主要表现为以自我为中心、多疑、害羞、孤僻、自卑、嫉妒、社交恐惧症等。研究表明，人际关系不和谐的大学生，其个人的成才及其未来的成就会因此受到严重的影响，应及时地诊断并采取必要的措施予以治疗，这是消除大学生人际关系方面心理障碍的较好途径。由我国著名心理学家郑日昌等编制的人际关系综合诊断量表简便、实用且具有较高的效度和信度，在我国大学心理健康测量中被广泛采用。

人际关系综合诊断量表由 28 道测试题目组成。其测量结果分为四个等级：

（1）测量分在 0~8 分，人际关系相对和谐，在与任何人之间的相处上困扰不多；

（2）测量分数在 9~14 分，在处理人际关系时存在一定的困扰，与朋友的关系不牢固，时好时坏，呈起伏波动的状态；

（3）测量分数在 15~28 分，人际关系中存在较为严重的行为困扰；

（4）测量分数超过 30 分，心理障碍就较为明显，在人际关系相处中较为困难。

5. 心理适应能力测量问卷

心理适应能力是指一个人在心理上进行自我调节和自我平衡，以适应社会生活和社会环境的能力。人在生活、学习和工作中常常要面对环境变迁、理想与现实不一致、信心受挫之类的事，这就需要主动调整自己，使自己的心态保持平衡。心理适应能力的高低，从某种意义上说，代表着一个人的成熟程度，同时也是决定一个人心理健康水平的因素之一。为使心理保持健康，建议大学生对自己的心理适应能力进行必要的自我检测，并据此采取适当的调整方法。自我检测可采用由我国一些心理学专业工作者编制的心理适应能力方面的自测问卷，其具有一定的效度和信度。

心理适应能力自测问卷由若干道题目组成。其测查结果分为：心理适应能力很强、心理适应能力良好、心理适应能力一般、心理适应能力较差和心理适应能力很差 5 个等级。如果测量结果显示心理适应能力较差，不必忧心忡忡，因为一个人的心理适应能力是随着年龄的增长、知识经验的丰富而不断增强的。

（三）心理健康测量表的应用

心理健康测量表的作用是依照某种标准和规范来检查自己或他人的心

理健康状况的，由于人的心理健康是一个较为复杂的状况，加上现今有关的心理健康测量表尚在发展中，并未达到“尽善尽美”的程度，因此，评定者在使用测量表时要慎重。我们不能过于依赖量表评定，如发现评定结果与自己的实际情况不相符或不能解决自己的难题时，便会走向反面，完全否定计定量表，或者对自己失去信心。同时，应注意编制量表的社会文化经济背景对量表使用效用的影响。目前我国大多使用的是国外编制的量表，因此在使用时，应充分估计文化差异所致的误差。

此外想要使用测量表测试的，有条件的可在心理教师、医生的指导下进行。

第六章 大学生体质健康的测量与评价研究

体质是健康的物质基础。对于大学生来说，培养良好的体质和塑造健康的心理状态非常重要，这就需要一个基础性的标准来帮助大学生判断自我体质健康是否达标。

第一节 人体形态的测量与评定

一、人体形态概述

人体形态是反映人体外表结构和生长发育水平的重要指标。这些指标包括：身高、坐高、体重、胸围、肩宽、骨盆宽、臂围、上肢长、下肢长、腰围等。人体形态指标可以反映个体局部的形态特点，人体形态指标受遗传因素的影响较大。

不同的运动项目，对运动员的身体形态选材标准也不同，因此，应结合运动项目的特点来确定运动员的选材标准。一般的，每一个运动项目都要求运动员的身体形态符合本运动项目的运动专项特点的基本要求，这关系到运动项目的合理选材问题。

二、人体形态的测量内容

根据人体形态的具体标准，人体形态的测量主要包括以下内容。

（一）身高

身高，也称“空间整体指标”，是个体纵向发育水平的重要指标之一，具体是指人体从站立底面到头顶点的垂直距离。人体身高受遗传因素和环境因素的制约和影响，身高的遗传度较高，很大程度上取决于父母的遗传基因，男孩遗传度为75%，女孩遗传度为92%。

测量方法：受测者赤足，以立正姿势站立于底板上，背靠身高计，足跟、骶骨和两肩胛与立柱接触，耳眼处水平位。测试者将水平压板下滑至受测者头顶点，双眼与压板水平，读数并记录测量值。

（二）体重

体重是衡量人体骨骼、肌肉、皮下脂肪及内脏器官等综合重量发展变化的指标。人的体重通常受遗传、年龄、性别、季节、体育锻炼、疾病、伤害等因素的影响。

测量方法：受测者赤足、身着薄衣裤站立于体重计中央，测试者移动刻度尺稳定在水平位后读数并记录其重量值。

（三）坐高

坐高是指人体取正位坐姿时头和躯干的总长度，它通常用来反映人体躯干的生长发育状况以及躯干与下肢的比例关系。

测量方法：受测者端坐在身高坐高计底板上，头摆正，躯干挺直紧靠立柱，测试者将水平压板下滑至受测者头顶点，在两眼与压板呈水平位时读数并记录测量值。

（四）骨盆宽

骨盆宽是指骨盆左右两端髂嵴外缘突出点之间的直线距离，它反映了人体骨盆的发育情况，是运动选材的重要参考指标之一。

测量方法：受测者两腿并拢成自然站立姿势，测试者面对被测者用测径规的两脚端分别置于骨盆左右两髂骨嵴外缘并计取其最宽部距离以及计量其水平直线距离。

（五）胸围

胸围的测量应从肩胛下角下缘开始，男性至乳头上缘，女性至乳头上方第四肋骨处，这是胸部的水平围长。胸围可间接反映胸廓大小和胸部肌肉的发育状况，是体现体形和健康状况的重要形态指标。

测量方法：男子裸露上体，自然站立，平静呼吸，测试者将软带尺上缘置于背部肩胛骨下角，在胸部则将软带尺下缘置于乳头上进行测量；女子戴胸罩，将软带尺置于背部两肩胛骨下角，胸部置于乳头上缘进行测量。

（六）腰围

腰围，也称“腹围”，具体是指人体腰部围度的大小，可以反映人体腰部肌肉的发育水平及腹部皮下脂肪的厚度和沉积状况。

测量方法：受测者自然站立，测试者将带尺置于受试者脐上，以水平位绕腹一周，取其自然呼吸时的计量值。

第二节　身体机能的测量与评定

一、身体机能概述

身体机能是指人的整体及其组成的各身体系统、器官所表现出来的生命活动。一般来说，身体机能水平越高则运动潜能越大，越有可能表现出优异的运动水平。良好的身体机能是个体保持身体健康的重要基础之一。

二、身体机能的测评内容

（一）循环机能测评

人体的循环系统主要是由心血管系统构成的闭锁管道，它能有效反映个体的身体发育水平、体质状况以及运动训练水平。一般来说，在体质健康测评中，最常用的测量个体身体循环机能的测量指标是脉搏和血压。

在大学生体质健康测试中，对大学生脉搏和血压进行测量的主要目的在于了解其机体运动前后心血管系统的变化规律、特点。一般采用台阶试验测量。台阶试验是一项定量负荷机能试验，可以间接推断机体的耐力。该试验主要是通过有节律的登台阶运动的持续时间（秒）与规定的脉搏次数的比值来评定个体的心血管机能水平；一般来说，指数越大，心血管机能水平越高。

（二）呼吸机能测评

呼吸是人体的基本生理功能之一，其主要作用是排出体内的二氧化碳，吸入氧气。在体质健康测量中，对个体呼吸机能的测量与评价的指标主要是肺活量。

1. 肺活量测试

肺活量是指个体做最大吸气之后，再做最大呼气时所排出的气体量。其大小反映了肺的容积和呼吸机能的潜力。肺活量受遗传因素的影响较小，遗传度仅为30%，可通过后天的训练而改变。因此，在青少年儿童选材中，对肺活量的测量可放宽要求，只要处于正常范围内即可。一般的，肺活量与年龄呈正相关关系。

测试方法：受测者面对肺活量计站立，先做一两次深呼吸，再吸一口气后将气尽量呼出，直到不能再呼气为止；测量 3 次，取最大值；呼气时要保持身体直立，不允许弯腰和换气；测量肺活量用的吹嘴要消毒，一个吹嘴只能允许一人使用。根据相关调查得知，我国男子肺活量正常值为3500~4000 毫升，女子为 3000~3500 毫升。

2. 5 次肺活量试验

测试方法：连续测试 5 次肺活量，每次间隔 15 秒（包括吹气时间在内），记录各次测试的结果。

测试评价：测试完后统计结果，如果各次肺活量的值基本相同或逐次增加，那么说明受测者的呼吸机能良好；如果 5 次结果逐渐下降，尤其是最后两次明显下降，那么就说明受测者机能不良（如机体疲劳、有疾病等）。

3. 肺活量运动负荷试验

测试方法：先测安静状态下的肺活量，然后作定量负荷（如 30 秒 20 次蹲起、1 分钟台阶试验或 3 分钟原地高抬腿跑等），运动后立即测肺活量，每分钟 1 次，共测 5 次，记录结果。

测试评价：负荷后的5次肺活量结果逐渐增大或保持稳定，那么就说明受测者机能良好；如果运动后的5次结果逐渐下降，到第5分钟仍未恢复到负荷前的水平，那么就说明受测者机能不良。

（三）感觉机能测评

感觉是神经系统对外界刺激的直接反应，是个体从事体育运动的重要物质基础。一般来说，个体的感觉越精细，动作越协调，动作的灵敏度就会越高。因此，感觉功能的好坏直接影响运动者的运动水平和成绩。个体的感觉具体可分为外部感觉（如听觉、皮肤感觉等）和内部感觉（如运动觉、平衡觉、机体觉等）两种。这里重点分析以下几种。

1. 视觉

视觉在一定程度上受遗传因素影响，色盲为单基因遗传，是与生俱来的。运动对运动者的视觉要求较高，视觉也是运动选材的重要指标之一，通常，教练员要考虑运动项目对运动员视力的要求，还要充分考虑运动员的立体视觉。立体视觉是一个反映远距离视觉平衡能力的指标，以球类运动为例，它对运动员精细、准确地判断人与球之间的空间关系和距离具有重要作用。

2. 动作频率感觉

动作频率感觉是反映个体摆臂与抬腿的动作频率以及最高动作频率的重要指标。测试动作频率感觉时要注意记录摆臂、摆腿的最高频率及复制误差，一般来说，频率越高，误差越小，运动员的动作频率感越强。

3. 臂、腿动觉

臂、腿动觉可反映个体臂、腿本体感觉的准确性，拥有良好的本体感觉对大学生学习技术技能有着非常重要的作用，本体感觉越准确越有助于运动水平和技能水平的提高。

通过对大学生感觉机能的测量，可使大学生知道在身体练习中如何更快地掌握不同运动项目的技术，有助于提高大学生对相应动作技术的运用质量。

测试评价：取两次测试中的最佳值，记录测验成绩，具体评价标准见表6-1。

表 6-1　闭眼单脚站立测验评价标准

性别	年龄（岁）	P_{10}	P_{25}	P_{50}	P_{75}	P_{90}	P_{97}
男	20~24	6.0	13.0	27.0	59.0	99.0	150.0
	25~29	5.0	11.0	24.0	49.0	86.0	143.0
	30~34	5.0	10.0	20.0	42.0	75.0	125.0
女	20~24	6.0	12.0	25.0	53.0	97.0	150.0
	25~29	5.0	10.0	22.0	46.0	84.0	148.0
	30~34	5.0	9.0	19.0	40.0	73.0	128.0

第三节　身体素质的测量与评定

一、身体素质概述

身体素质，又被称作“运动素质”，是运动过程中个体表现出来的身体的各种能力，包括耐力素质、速度素质、力量素质、柔韧素质和灵敏素质。在一定程度上，运动素质会受遗传因素的影响，但通过后天的训练，运动素质也可以得到极大的提高。

二、身体素质的测评内容

（一）力量素质测评

关于力量素质，张英波认为：力量素质具体是指“人体—肌肉”系统在工作时克服或对抗阻力的能力。一般来说，对于大学生基础力量素质的测评主要可通过以下方法进行：原地纵跳摸高（反映下肢伸肌特别是膝关节伸肌和足跖屈肌垂直向上跳起的爆发力指标）、立定跳远（测评下肢肌特别是膝关节伸肌和足屈肌向前跳的爆发力指标，同时也能反映出一定的灵敏性）。

（二）速度素质测评

人体素质中尤为重要的一项是速度素质，它包括：人体快速完成动作的能力、对外界刺激或各种应激反应的快速判断能力以及快速经过某种规定距离的能力。简单地讲，这三个方面的表现形式表达的就是动作速度、周期性运动中的位移速度和反应速度。

1. 位移速度测评

位移速度受遗传因素的影响较大，后天训练不易改变，通常用测 50 米跑成绩的方法来测试大学生的位移速度。

2. 反应速度测评

反应速度与人体神经系统反应速度和肌肉系统的骨骼肌纤维的类型有密切关系，受遗传因素的影响较大，遗传度高达 75%以上，且通过后天训练不易被改变。反应速度的测试可通过简单反应时测试进行。

测试仪器：电子测试仪。

测试方法：受测者坐在仪器前，面对信号盒。测试人员发出预备口令时，受测者注意信号盒，准备对刺激（灯光或声音）做出按键反应。一旦看到信号灯，就立即做出按键反应。视、听反应各测 5~10 次，求平均数，以毫秒为单位。

注意事项：测试人员呈现信号时间不宜过长，一般是 2 秒钟后呈现，不能让受测者等待过久。

测试评价：反应时越短越好。

3. 动作速度测评

个体动作速度的快慢是测试速度素质的重要指标。测定动作速度需要配备专门的仪器，如无专门的测试仪器，可让受测者在较短的规定时间内，连续反复做一个动作，记录下在规定时间内的动作次数，就可以测出动作速度。规定时间不宜过长，一般在 10~30 秒钟，这样就可以排除速度耐力和力量耐力等其他因素的影响，正确测算出个体的动作速度。

目前，常用的动作速度测评方法主要有 10 秒原地高抬腿跑、等速度和频率测试、某一规定姿势拳击击打速度和频率测试、手指摆动指频仪测试等，这些测试均可反映神经系统发放速度的快慢和完成动作的速度和频率等问题。

（三）耐力素质测评

耐力素质是指个体克服工作过程中所产生的疲劳的能力。它是人体身体素质的重要组成部分之一，是体现个体健康水平或体质强弱的重要标志，任何一个体育运动项目都需要运动者具备相应的耐力素质。运动生理学研究认为，疲劳是由于机体长时间工作而引起的工作能力的暂时性降低，其表现为工作较困难或者完全不能按照以前的强度继续工作。因此，运动者克服疲劳的能力，客观真实地反映了其耐力水平。

耐力素质的常用测试方法具体如下。

1. 定距离计时跑

（1）400 米（50 米×8 次往返）跑：测试时可多人同时进行，将所有受测者分为 3~4 人一组，采用站立式起跑，听到口令后开始起跑，往返 8 次，往返跑时逆时针绕过竿。受测者穿跑鞋，跑时不得碰竿、扶竿和串道。测试人员发出起跑口令的同时，计时者开始计时，受测者胸部到达终点时停表。用时越短则说明耐力素质越好。

（2）800 米跑、1500 米跑：测试时可多人同时进行，将所有受测者分为 3~4 人为一组，采用站立式起跑，听到测试人员口令后立即起跑，直至跑完全程。受测者跑完后，不要马上停止或坐下，以免发生意外伤害事故。测试人员发出起跑口令时，计时者开表计时，受测者胸部到达终点时停表。用时越短则说明耐力素质越好。

2. 定时计距离跑

定时计距离跑具体是指在规定时间内尽可能跑较长的距离。常用的测试方法有 9 分钟跑、12 分钟跑、15 分钟跑等。测试时，受测者站立在起跑线后，听到发令者发令后，以最快的速度坚持跑 9 分钟（12 分钟或 15 分钟），由计时者记录受测者在 9 分钟（12 分钟或 15 分钟）跑过的距离。以米为单位记录，不计小数。规定时间内跑进的距离越长则说明耐力素质越好。

（四）柔韧素质测评

柔韧素质主要体现的是关节活动幅度的大小和跨过关节的肌肉、肌腱、韧带等软组织的伸展性，这两方面对柔韧水平的影响非常大。其中，决定关节活动幅度的主要因素是关节本身的装置结构，以及跨过关节的肌肉、肌腱、韧带等软组织的伸展性。柔韧素质虽然受遗传因素的影响较大，但可以通过后天的训练得到改善。

（五）灵敏素质测评

身体的灵敏度是一种综合素质，最常用的测试方法主要有以下四种。

第一，反复横跨。在平坦的地面上画一条中线，在中线两侧各画一条平行线，平行线与中线的距离为 120 厘米。测试时，受测者两脚跨中线站立，膝微屈。听到测试人员的“开始”口令后，单脚跨越横线，双脚落地，先跨右侧平行线，然后跨回中线，再跨左侧平行线，接着又跨回中线，往复进行 20 秒钟，测试人员记录受测者的横跨次数。单位时间内横跨的次数越多，说明身体灵敏性越好。

第二，立定跳远（厘米）。在进行立定跳远测量时，规定学生不可以有垫步连跳的动作，脚尖不得踩线。受测者允许试跳三次，取其中最好的成绩。

第三，立卧撑。此方法主要是测量人体迅速、准确、协调地变换身体姿势的能力。测试时，受测者取立正姿势，听到测试人员的“开始”口令后，双手于脚尖 15 厘米处扶地成蹲撑，双腿向后伸直成俯撑，再收腿成蹲撑，然后还原成立正姿势，即为完成一次动作。开始和结束部分时的身体必须呈立正姿势，背和腿要伸直。受测者需连续做立卧撑 10 秒钟，测试人员记录受试者合格的立卧撑动作的次数。

第四，12 分钟跑（米）。测试开始后，受测者以站立的姿势起跑，绕跑道跑 12 分钟。当听到测试人员“停跑”的命令后，计下受测者所处的地点，然后测量其距离并记录成绩。

第四节 《国家学生体质健康标准》

一、《国家学生体质健康标准》实践意义

我国印发的《国家学生体质健康标准》是目前评价学生体质健康的重要依据，它对我国学生的体质健康提出了基本要求和基本标准；同时，在学校进行具体施教的过程中，也是评价学校体育教育的指导性文件。

我国教育部门为了让学生的体质健康形成规律的信息反馈，通过实施《国家学生体质健康标准》这一规定进行数据分析，这样不仅能让家长、学生在第一时间内掌握自己体质健康的变化状况，学校和相关的教育部门也能及时地根据这些数据全面地了解学生的体质健康状态和调整健康促进策略，更好地为学生体质健康保驾护航。

二、《国家学生体质健康标准》测评内容

《国家学生体质健康标准》对不同年龄阶段的学生的体质健康提出了不同的要求，构成了我国学生体质健康测评的标准体系。当前，《国家学生体质健康标准》（2014 年修订版）测量的内容包括身体形态、身体机能以及身体素质等；具体而言，其各项测量项目涉及身体形态和身体成分、心血管系统功能、肌肉力量和耐力以及身体的柔韧性等四个方面。

根据我国 2014 年修订的《国家学生体质健康标准》的有关内容，大学生的各项体质健康测量指标如表 6–2 所示。

表 6–2 大学生体质健康测量指标与权重

单项指标	权重（%）
体重指数（BMI）	15
肺活量	15
50 米跑	20
坐位体前屈	10

续表

单项指标	权重（%）
立定跳远	10
引体向上（男）/1 分钟仰卧起坐（女）	10
1000 米跑（男）/800 米跑（女）	20

注：体重指数（BMI）= 体重（千克）/身高^2（米^2）。

为了保证学生体质健康测量的科学性、准确性，测量过程中应尽可能地使误差降到最低，同时应通过严格执行操作规范和进行多次测量以有效的消除各项误差。为了实现对学生体质健康测量数据的高效、有序管理，一般采用图表的形式记录数据，并通过计算机对数据进行存储、分析和整理。

三、《国家学生体质健康标准》指标综述

（一）体质健康评价指标层次

《国家学生体质健康标准》适用于全日制普通小学、初中、普通高中、中等职业学校、普通高等学校的学生，对不同年龄段的学生设置了多种测试项目，与我国的学生体质健康的实际情况相符，并在实践中不断改善和提高。

根据测试对象的不同，《国家学生体质健康标准》测试的各项指标也有所不同。其中体重指数（BMI）和肺活量是小学阶段到大学阶段的学生都要进行测量的项目。另外，处于不同教育阶段的学生的测试指标也有所差异。

（二）体质健康评价指标操作

评价学生的体质健康状况，应根据学生具体的年龄和性别特征选择相应的测试项目。在测试结束后对学生的测试结果进行评价，首先是对各单项成绩和等级的评定，然后在此基础上得到某学生的体质健康总得分，测试和评价最终会以得分的形式展现。研究人员根据测评结果对学生的身体健康素质现状进行分析，为学生运动锻炼目标的设定和自我评价提供参考

依据。

以高校大学生为体质健康测试对象的，其体质健康评价指标及其操作一般涉及以下几种。

1. 体重指数测量

通过体重指数测量，能够评定学生身体的匀称度，并且能在一定程度上反映学生的营养状况。我国健康成年人的体重指数一般在 18.5～23.9，如果低于 18.5，则为消瘦；体重指数在 24～28 则为“超重”，如表 6-3 所示。

2. 肺活量测量

肺活量即为在一次尽力吸气后，再尽力呼出的气体总量。它能反映学生肺的一次性最大机能活动量。肺活量测试的计算公式为：肺活量=潮气量+补吸气量+补呼气量。

3. 50 米跑测量

50 米跑是国际通用的位移速度测试项目，主要用于测试学生的速度素质，此外，该项测试还能够体现学生的快速反应能力。在测试时，应以秒为单位，保留小数点后 1 位小数，当小数点后第二位数非“0”时，则进 1，如 8.03 秒，应记为 8.1 秒。

4. 引体向上和仰卧起坐测量

引体向上主要适用于高校男生，目的在于测量高校男生上悬垂力量、肩部力量、握力以及耐力。仰卧起坐主要适用于高校女生，记录一分钟内完成的数量作为具体的测评标准。

5. 1000 米和 800 米跑测量

测试学生耐力素质高低的项目有高校男子 1000 米跑、高校女子 800 米跑，包括其心血管呼吸系统的机能以及肌肉的耐力水平。

在进行测量工作之前，学生们应在教师的指导下做好热身运动，让身体呈现最佳状态，一般在测量过程中，会采取站立式起跑方式，全程要用匀速跑的形式进行。要避免在大风天气展开 800 米跑和 1000 米跑测量工作，以免给测量工作带来较大误差。

四、《国家学生体质健康标准》评分标准

（一）大学生单项指标评分标准

根据《国家学生体质健康标准》的相关内容，在对高校大学生各项指标进行测量和统计的基础之上，参考各项评分表对学生的体质健康状况进行评分。评分标准分为七大项，具体如表 6-3、表 6-4、表 6-5、表 6-6、表 6-7、表 6-8、表 6-9 所示。

表 6-3　大学生体重指数（BMI）单项评分标准　　单位：千克/米^2

等级	单项得分	男生	女生
正常	100	17.9~23.9	17.2~23.9
低体重	80	≤17.8	≤17.1
超重		24.0~27.9	24.0~27.9
肥胖	60	≥28.0	≥28.0

表 6-4　大学生肺活量单项评分标准　　单位：毫升

等级	单项得分	男生		女生	
		大一、大二	大三、大四	大一、大二	大三、大四
优秀	100	5 040	5 140	3 400	3 450
	95	4 920	5 020	3 350	3 400
	90	4 800	4 900	3 300	3 350
良好	85	4 550	4 650	3 150	3 200
	80	4 300	4 400	3 000	3 050
及格	78	4 180	4 280	2 900	2 950
	76	4 060	4 160	2 800	2 850
	74	3 940	4 040	2 700	2 750
	72	3 820	3 920	2 600	2 650
	70	3 700	3 800	2 500	2 550
	68	3 580	3 680	2 400	2 450
	66	3 460	3 560	2 300	2 350

续表

等级	单项得分	男生		女生	
		大一、大二	大三、大四	大一、大二	大三、大四
及格	64	3 340	3 440	2 200	2 250
	62	3 220	3 320	2 100	2 150
	60	3 100	3 200	2 000	2 050
不及格	50	2 940	3 030	1 960	2 010
	40	2 780	2 860	1 920	1 970
	30	2 620	2 690	1 880	1 930
	20	2 460	2 520	1 840	1 890
	10	2 300	2 350	1 800	1 850

表 6-5　大学生 50 米跑单项评分标准　　单位：秒

等级	单项得分	男生		女生	
		大一、大二	大三、大四	大一、大二	大三、大四
优秀	100	6.7	6.6	7.5	7.4
	95	6.8	6.7	7.6	7.5
	90	6.9	6.8	7.7	7.6
良好	85	7.0	6.9	8.0	7.9
	80	7.1	7.0	8.3	8.2
及格	78	7.3	7.2	8.5	8.4
	76	7.5	7.4	8.7	8.6
	74	7.7	7.6	8.9	8.8
	72	7.9	7.8	9.1	9.0
	70	8.1	8.0	9.3	9.2
	68	8.3	8.2	9.5	9.4
	66	8.5	8.4	9.7	9.6
	64	8.7	8.6	9.9	9.8
	62	8.9	8.8	10.1	10.0
	60	9.1	9.0	10.3	10.2
不及格	50	9.3	9.2	10.5	10.4
	40	9.5	9.4	10.7	10.6

续表

等级	单项得分	男生		女生	
		大一、大二	大三、大四	大一、大二	大三、大四
不及格	30	9.7	9.6	10.9	10.8
	20	9.9	9.8	11.1	11.0
	10	10.1	10.0	11.3	11.2

表 6-6　大学生坐位体前屈单项评分标准　　单位：厘米

等级	单项得分	男生		女生	
		大一、大二	大三、大四	大一、大二	大三、大四
优秀	100	24.9	25.1	25.8	26.3
	95	23.1	23.3	24.0	24.4
	90	21.3	24.5	22.2	22.4
良好	85	19.5	19.9	20.6	21.0
	80	17.7	18.2	19.0	19.5
及格	78	16.3	16.8	17.7	18.2
	76	14.9	15.4	16.4	16.9
	74	13.5	14.0	15.1	15.6
	72	12.1	12.6	13.8	14.3
	70	10.7	11.2	12.5	13.0
	68	9.3	9.8	11.2	11.7
	66	7.9	8.4	9.9	10.4
	64	6.5	7.0	8.6	9.1
	62	5.1	5.6	7.3	7.8
	60	3.7	4.2	6.0	6.5
不及格	50	2.7	3.2	5.2	5.7
	40	1.7	2.2	4.4	4.9
	30	0.7	1.2	3.6	4.1
	20	-0.3	0.2	2.8	3.3
	10	-1.3	-0.8	2.0	2.5

表 6-7　大学生立定跳远单项评分标准　　单位：厘米

等级	单项得分	男生		女生	
		大一、大二	大三、大四	大一、大二	大三、大四
优秀	100	273	275	207	208
	95	268	270	201	202
	90	263	265	195	196
良好	85	256	258	188	189
	80	248	250	181	182
及格	78	244	246	178	179
	76	240	242	175	176
	74	236	238	172	173
	72	232	234	169	170
	70	228	230	166	167
	68	224	226	163	164
	66	220	222	160	161
	64	216	218	157	158
	62	212	214	154	155
	60	208	210	151	152
不及格	50	203	205	146	147
	40	198	200	141	142
	30	193	195	136	137
	20	188	190	131	132
	10	183	185	126	127

表 6-8　大学生引体向上（一分钟仰卧起坐）单项评分标准　　单位：次

等级	单项得分	男生		女生	
		大一、大二	大三、大四	大一、大二	大三、大四
优秀	100	19	20	56	57
	95	18	19	54	55
	90	17	18	52	53
良好	85	16	17	49	50
	80	15	16	46	47

续表

等级	单项得分	男生		女生	
		大一、大二	大三、大四	大一、大二	大三、大四
及格	78			44	45
	76	14	15	42	43
	74			40	41
	72	13	14	38	39
	70			36	37
	68	12	13	34	35
	66			32	33
	64	11	12	30	31
	62			28	29
	60	10	11	26	27
不及格	50	9	10	24	25
	40	8	9	22	23
	30	7	8	20	21
	20	6	7	18	19
	10	5	6	16	17

表 6-9　大学生耐力跑单项评分标准　　单位：分·秒

等级	单项得分	男生		女生	
		1 000 米		800 米	
		大一、大二	大三、大四	大一、大二	大三、大四
优秀	100	3′17″	3′15″	3′18″	3′16″
	95	3′22″	3′20″	3′24″	3′22″
	90	3′27″	3′25″	3′30″	3′28″
良好	85	3′34″	3′32″	3′37″	3′35″
	80	3′42″	3′40″	3′44″	3′42″
及格	78	3′47″	3′45″	3′49″	3′47″
	76	3′52″	3′50″	3′54″	3′52″
	74	3′57″	3′55″	3′59″	3′57″
	72	4′02″	4′00″	4′04″	4′02″

续表

等级	单项得分	男生		女生	
		1 000 米		800 米	
		大一、大二	大三、大四	大一、大二	大三、大四
及格	70	4′07″	4′05″	4′09″	4′07″
	68	4′12″	4′10″	4′14″	4′12″
	66	4′17″	4′15″	4′19″	4′17″
	64	4′22″	4′20″	4′24″	4′22″
	62	4′27″	4′25″	4′29″	4′27″
	60	4′32″	4′30″	4′34″	4′32″
不及格	50	4′52″	4′50″	4′44″	4′42″
	40	5′12″	5′10″	4′54″	4′52″
	30	5′32″	5′30″	5′04″	5′02″
	20	5′52″	5′50″	5′14″	5′12″
	10	6′12″	6′10″	5′24″	5′22″

（二）大学生加分指标评分标准

高校大学生体质健康加分指标评分内容及标准具体情况如表 6-10、表 6-11 所示。

表 6-10　大学男生加分指标评分标准

加分	引体向上（次）		1 000 米跑（分・秒）	
	大一、大二	大三、大四	大一、大二	大三、大四
10	10	10	-35″	-35″
9	9	9	-32″	-32″
8	8	8	-29″	-29″
7	7	7	-26″	-26″
6	6	6	-23″	-23″
5	5	5	-20″	-20″
4	4	4	-16″	-16″
3	3	3	-12″	-12″

续表

加分	引体向上（次）		1 000 米跑（分·秒）	
	大一、大二	大三、大四	大一、大二	大三、大四
2	2	2	-8″	-8″
1	1	1	-4″	-4″

注：引体向上为高优指标，学生成绩超过单项评分 100 分后，以超过的次数所对应的分数进行加分。1000 米跑为低优指标，学生成绩低于单项评分 100 分后，以减少的秒数所对应的分数进行加分。

表 6-11　大学女生加分指标评分标准

加分	一分钟仰卧起坐（次）		800 米跑（分·秒）	
	大一、大二	大三、大四	大一、大二	大三、大四
10	13	13	-50″	-50″
9	12	12	-45″	-45″
8	11	11	-40″	-40″
7	10	10	-35″	-35″
6	9	9	-30″	-30″
5	8	8	-25″	-25″
4	7	7	-20″	-20″
3	6	6	-15″	-15″
2	4	4	-10″	-10″
1	2	2	-5″	-5″

注：一分钟仰卧起坐为高优指标，学生成绩超过单项评分 100 分后，以超过的次数所对应的分数进行加分。800 米跑为低优指标，学生成绩低于单项评分 100 分后，以减少的秒数所对应的分数进行加分。

第七章　大学生运动健康促进的实用运动处方

第一节　运动处方的概述及基本组成

一、运动处方概述

世界上最早的运动处方（Exercise Prescription）可追溯到我国的战国时期（公元前475—前221年）的作品《行气玉佩铭》。公元前460—前377年，古希腊医学家希波克拉底（Hippocrates）最早用体操来治疗疾病，他的论著《运动疗法》《健身术》是运动处方的萌芽。

现代运动处方始于20世纪50年代，到目前为止已有50多年的历史，运动处方经过几十年的发展，已经成为人们健身、康复的主要方法。世界各国（中国、美国、德国）学者也对运动处方的实践应用和理论进行了多方研究。

随着社会的不断发展，人们对健康越来越重视，健康、科学、合理的运动已经是人们迫不及待的需求。不管是日常生活中的强身健体还是疾病后的康复过程，运动处方都能给人们提供全面、科学、合理的指导方式，所以在现代社会中，运动处方有着广阔的发展前景。

运动处方最早是受医院医疗处方的启发，并在体育运动的实践中得到广泛应用和发展。因此，在研究分析运动处方之前，先简单介绍一下用于给病人治病的医疗处方的基本知识。

（一）医疗处方的概念

《处方管理办法》（中华人民共和国卫生部令第53号，自2007年5月

1 日起施行）第二条规定："处方是指由注册的执业医师和执业助理医师（以下简称医师）在诊疗活动中为患者开具、由取得药学专业技术职务任职资格的药学专业技术人员（以下简称药师）审核、调配、核对，并作为患者用药凭证的医疗文书。处方包括医疗机构病区用药医嘱单。"

通过《处方管理办法》规定我们可以知道，开具医疗处方要经过极其严格的程序和要求，必须由具备资质的医师和药师共同开具，有明确的针对性、较高的权威性和法规约束力，且医疗处方只是当日有效，药物用量最长不超过 7 日，一般用药量为 3 日。医疗处方科学化地为运动处方的诞生提供了实际的操作经验和科学的理论依据。

（二）运动处方的概念

美国生理学家卡波维奇在 20 世纪 50 年代提出了运动处方的概念；日本生理学家猪饲道夫教授在 1960 年初次运用了运动处方术语；1969 年国际上承认了运动处方的地位；1954 年起德国的 Holl-mann 开始对运动处方的实践和理论进行大量的研究，制定出针对运动员、健康人、中老年人、肥胖病等不同人群的各类运动处方，并取得了显著的效果。

（三）运动处方与医疗处方的区别与联系

运动处方是受医疗处方的启发而发展起来的体育锻炼方法，无论是从形式上还是从内容上，都有着非常相似的地方，但也存在诸多差别，而且有些差别是非常重要的。因此，比较和分析其主要差别，对于发展运动处方的理论和实践具有重要意义。运动处方与医疗处方的区别与联系如表 7-1 所示。

表 7-1　运动处方与医疗处方比较

比较的内容	运动处方	医疗处方
处方结构特征	一致	一致
目的	以增进健康、预防疾病为主	治疗疾病
目标对象	个体或类似群体	个体
制定主体	体育教师、体育保健工作者等	医师和药师共同完成
处方的使用周期	可长、可短，一般几周至几月	3~7 天
处方的实效性	无严格要求	当日有效

续表

比较的内容	运动处方	医疗处方
处方的稳定性	经常会调整	一般不变
权威性	一般	较高
法规约束力	无	有

关于练习的目的，不同的人群有着不同的要求，有的是为了控制体重，有的则是为了提高身体素质，有的可能是为了治疗某些慢性疾病。随着运动处方理论与实践的发展，目标对象可以是个体，也可以是类似群体。

二、运动处方的基本组成内容

（一）练习的目的

不同的目标群体或个体，其目的不同。归纳起来，练习的目的一般有增强体质、保健康复、减肥塑形、休闲娱乐、预防疾病以及从多方面提高运动素质与健康水平等。

（二）练习的内容

练习的内容是运动处方所运用的练习手段与方法的总称。关于练习和运动种类的划分非常复杂，根据不同的分类标准得到的分类体系也不同。从运动的结构上看，可以将运动分为周期性运动和非周期性运动两大类；从运动竞技取胜的决定因素来看，又可分为体能类和技能类两大类；根据练习做功的方式，可分为动力性练习和静力性练习两大类，等等。制定运动处方主要注重的不是练习或运动的形式，而是其对身体的效果。因此，根据练习或运动的生理学基础——供给氧气的方式和特点，可将练习划分为以有氧供能为主的练习、以无氧供能为主的练习及以混合供能为主的练习三种类型。

需要补充的是，以上分类是相对于一般情况而言的，究竟是有氧还是无氧，主要取决于练习时所选取的强度、而不是练习的方式。如 100 米跑练习，如果采取慢跑的练习强度，就是以有氧供能为主的练习；反过来，如果采取全速跑，它就变成了以无氧供能为主的练习了。

另外，同样的练习负荷，由于个体之间的体力、身体素质及健康状况等诸多方面的差异，也会存在着有氧与无氧的差别。因此，在研究设计运动处方时，要针对具体情况，选择合理、有效的练习类型，保证达到练习的目的。

（三）练习的负荷

练习的负荷包括负荷的强度和负荷的量度。负荷的强度是指练习对机体产生生理、心理刺激的剧烈程度；负荷的量度是指练习对机体刺激的数量要求。

如 100 米跑练习所用的时间是 15 秒，100 米是练习的负荷量度，15 秒是练习的负荷强度；举重 100 千克，连续做 8 次推举，100 千克是练习的负荷强度，8 次是练习的负荷量度。

运动强度是运动负荷的重要方面，是运动处方的重要内容，因此，制定运动处方要重视对运动强度的设计。

运动处方的练习强度指标一般采用常见的运动生理学指标来表达，例如：摄氧量（VO_2），以最大摄氧量（VO_{2max}）的百分数表示；无氧阈值（AT）；心率（HR）；代谢当量（Met），表示运动时的代谢率与静息代谢率的倍数关系，也称梅脱（1 梅脱指 1 千克体重从事 1 分钟活动消耗 3.5 毫升氧的活动强度）。

（四）练习持续的时间

练习持续的时间是指一次练习所需要的时间长度。一次练习的时间包括每组实际运动的时间和组间休息的时间，即从练习开始到练习结束的全部时间。时间长度的设计应当根据处方对象的具体情况来定，并非越长越好；练习持续的时间与练习的强度成反比。

（五）练习的频度

练习的频度是指重复练习的次数。一般以周为基本单位，可表示为一周练习多少次（次/周），如一周练习 3 次（一、三、五练习），隔日休息（二、四、六休息），周日调整。

练习的频度取决于练习的强度和练习持续的时间，它是运动负荷量度的重要指标，合理选择练习的频度有利于提高练习的效果。

（六）练习的进度

练习的进度是指运动处方执行推进的节奏。运动处方制定后，在实施的过程中，应根据实际情况，合理调节运动的强度、持续的时间、练习的频度甚至练习的方式等。练习的进度一般可分为三个阶段。

第一，开始阶段。该阶段的主要任务是初步适应练习，一般练习强度较低。

第二，发展阶段。在第一阶段的基础上，该阶段的主要任务是要稳步发展负荷的强度或负荷的量度。

第三，保持阶段。该阶段主要是保持负荷的持续刺激，持续产生积极的效果，但要加强医务监督，预防意外的发生。

（七）练习注意事项

练习注意事项是运动处方设计中不可缺少的部分，它包括对运动处方中主要要素的补充说明，在实施的实际过程中，对可能出现的情况提出的建议、解决办法，以及其他应当注意的问题，如饮食、休息等。

三、运动处方的特点

（一）运动处方的特点

运动处方是大学生科学、正确地参加运动锻炼的指导性文件，大学生在运动锻炼中按照运动处方进行锻炼可以少走运动的弯路，能有效提高运动的效率。综合来讲，运动处方具有五大优势。

1. 科学性

在制定运动处方的过程中，要严格遵循运动医学、临床医学和运动科学的知识原理，既要保证运动处方的可操作性和实效性，还要使运动处方具有权威的科学性。实践证明，按照运动处方进行锻炼的大学生，在提高自身身体素质、预防疾病和增强社会适应性方面，都有很好的效果。

2. 目的性

大学体育发展到目前阶段，可供高校大学生选择的运动项目相当多，但是无论选择哪种项目进行锻炼，相应的运动处方都会有明确的运动目标，例如：以促进健康为目标的运动处方，主要都是以强身健体和娱乐运动为主的项目。

3. 针对性

运动处方虽然选择范围较广，但不是随意制定的。在运动处方的制定过程中，首先要确定其针对性，根据运动者的体能水平、健康状况和兴趣爱好等一系列实际情况进行制定。只有同时具备针对性和个性化的运动处方，才能使运动者在锻炼时良好地适应和发挥运动促进健康的作用。

4. 计划性

运动处方在制定的过程中由于是参照运动目标制定的，对运动目的有很强的计划性。大学生在选择项目进行运动锻炼时，应参照运动处方来平衡身体运动负荷量和运动强度，让锻炼方法更加得当，提高运动效果的显现率，提升运动者的兴趣，培养终身运动的良好习惯。

5. 安全、 有效性

为了保证运动效果更加显著，大学生在进行运动锻炼前首先要参考实用性和针对性都较强的运动处方进行锻炼。在参与运动锻炼后，为了避免运动损伤的出现，还要及时地对自身的运动负荷量和运动效果进行分析和评价。

（二）运动处方的功能

运动处方主要是根据运动者的健康状况和体能水平，为健身者提供身体活动的指导性条款，它以处方的形式确定运动者活动的时间、频率强度以及方式。运动处方与一般的治疗方法相比，效果更为突出，它的作用主要表现在三个方面。

1. 增强人体免疫力

人体通过自身的免疫系统来保持机体的相对平衡，为身体参与各项活动提供基本保障。一旦身体免疫系统有异常情况出现，机体生理功能就会失衡，会导致整个机体的抵抗力大大下降，诱发多种疾病。

大学生根据已经制定好的运动处方参与运动锻炼，不仅能有效避免运动损伤，增强人体的免疫力，积极地促进健康，而且制定良好的、科学的、合理的运动负荷还可以对人体的中枢神经、心血管、呼吸、内分泌等系统产生良性刺激，从而促进人体系统产生形态和功能上的变化，最终增强人体免疫系统的功能。

2. 提高人体心肺功能

运动处方中多数会采取运动强度中等的有氧运动项目来指导大学生参与锻炼，有氧运动对人体的促进主要体现在两个方面：第一，多进行有氧运动锻炼可以有效降低安静时的心率；第二，可以加强心脏的收缩力量，增加脉搏的输出量，提高心脑血管系统的功能。

大学生在参与运动锻炼时应参照运动处方的指导进行锻炼，这样能提高人体肺活量，增强肺部组织的弹性功能，增加机体的摄氧量，从而全面改善呼吸系统的功能状况。实践证明，长期参与运动锻炼的人的肺活量要比运动缺乏的人的肺活量要高出 500~1000 毫升。

3. 改善现代文明病

现代社会的高速发展导致人类在享受高科技便利和现代文明的同时也会受到现代文明病的影响。现代快节奏的生活和激烈的竞争状态，导致人们长时间处在紧张、焦虑、恐惧的心理状态下，各种心理疾病也层出不穷，像失眠、抑郁等就成为困扰人们健康隐患。另外，现代生活水平的提高和工作条件的改善使人们因为长期久坐、缺乏锻炼等导致人们出现颈椎病、肩周炎、肥胖症和高血压等症状，这些症状也威胁着人类的健康。

目前来看，治疗现代文明病最有效的方式就是参与体育锻炼，通过增强人体机能提高人们的体质健康。这就要求现代大学生在参与体育锻炼时，一定要参照自身实际负荷的情况，按照运动处方的要求来进行科学、合理的运动；否则，没有原则的和盲目的运动可能会对机体产生较大的伤害，更容易得不偿失。

四、运动处方的分类

当前，关于运动处方的研究主要集中在保健康复领域，研究的对象也主要集中在体质弱势群体，如身体患有残疾、疾病，以及体弱、肥胖等人群。随着体育教育改革的不断深入，以及运动处方理论与实践的不断发展和完善，运动处方所涉及的目标对象会进一步扩大。依据运动处方所涉及的主要目标对象及目的的不同，运动处方可分为以下四种类型。

（一）治疗性运动处方

治疗性运动处方主要以那些患有慢性疾病、职业病，以及其他需要治疗的人群为目标对象，以调节身心健康、缓解病情、改善身体机能等为主要目的，主要选择一些具有保健、康复功能的中低负荷的运动项目，如打太极拳、健身气功等练习，对于改善心脑血管疾病具有较好的效果。治疗性运动处方在临床医学中运用得非常广泛，学校也开始借鉴和运用，但对于研制该处方的人员的要求相对较高，一般要求除了掌握体育锻炼的常识和技巧以外，还应当熟悉相应的医学保健常识。

（二）健身性运动处方

健身性运动处方主要以那些体弱、肥胖或慢性病人群为目标对象，以调节身心健康、改善形体、缓解病情、改善身体机能为主要目的，主要采用一些中等负荷的有氧练习运动项目，如有氧健身操、中长距离跑步等。要求设计健身性运动处方的人员要熟练掌握体育健身的基础理论和基本技能，并具备一定的运动营养和卫生保健常识。健身性运动处方是目前运用最为广泛的运动处方之一，深受白领、金领职业者的青睐。

（三）竞技性运动处方

竞技性运动处方以进一步改善形体、提高专项身体素质和运动技能，以期达到最佳的竞技状态，并且以成功参加比赛为直接目的。因此，该处方的目标对象主要是职业运动员或准备参加比赛的运动参与者，采用专业的运动训练方法。研究设计者应当是熟悉运动训练理论和方法的体育教练员。

（四）教育性运动处方

教育性运动处方是当前体育教育改革研究的热点领域之一。随着教育理念的更新，体育教育者开始研究体育教学模式和方法的改革，处方式体育教学成为人们推崇的方法之一、并正在成为体育教育教学改革的一种趋势。实际上，运用于体育教学的运动处方就是教育性运动处方。它以普通学生为目标对象，以增进健康、改善机能、提高运动技术水平、塑造心理品质等为主要目的，以身体练习为基本手段。研究设计者一般是体育教师。目前，教育性运动处方的目标群体主要是身体患有疾病、残疾及体弱、肥胖的体质等身体素质处于弱势的学生。

综上所述，关于运动处方的划分是相对的，有时其目的又是交叉的，手段也是通用的，只是在具体实施时，要结合目标对象的实际情况和特点，善于把握和控制练习的负荷及节奏，加强医务监督和保障，提高处方的实施效果。

五、制定运动处方的理论依据

运动处方有着严格的对内容和规范的格式要求，因此在研究制定运动处方时，应当根据以下知识和背景，进行全面考察、分析和设计。

（一）目标对象的特点及目的

目标对象是研究制定运动处方的出发点和归宿。目标人群现实的身体健康状况及过往病史、运动史等因素，对处方的制定有直接的影响，关系到处方制定的成败。因此，在研究设计运动处方之前，必须对目标对象进行全面的考察、测试和分析。

目标对象的目的要求也是一个重要依据。也就是说，处方对象想要达到什么样的目的，或者说，根据目标对象的特点，其能够达到什么样的目的。因此，运动处方设计者要围绕这一目的，选择、设计具有针对性的运动处方。

（二）相关的医学科学知识

从运动处方的分类可以看出，处方涉及众多的学科知识，其中医学知识是基本知识。只有熟悉和掌握了足够的卫生、医学保健等常识，我们才能够科学分析特殊患者的基本情况，从而选择有效的处方方案，如对于高血压患者，就要禁止采用一些靠憋气来完成的练习动作；对于经期的妇女，也要禁止采用增加腹腔压力的练习动作。在实际的运动练习中，掌握丰富的医疗、卫生常识，还有利于预防一些意外事故的发生。

（三）运动人体科学知识

运动人体科学是体育学的一个二级学科，其中运动生理、运动营养等学科知识是制定运动处方的重要基础之一。如运动负荷的设计、营养膳食的搭配等都离不开以上学科知识的指导。对运动生理研究的实验表明，机体对运动的适应具有双向性，良好的刺激可产生积极的影响，反之则会产生消极影响甚至裂变影响，而轻微的刺激对机体的影响不大。因此，从这个层面上看，运动负荷的设计直接关系到练习的效果。

（四）体育教育训练学知识

体育锻炼的基础理论和基本技能可以为我们选择练习方案提供丰富的素材和科学指导，各种练习内容的制定及技术指导都离不开相关的体育知识，如采用游泳运动来练习，就必须先学会相应的游泳动作技术，打太极拳也要学会套路等。体育还是教育的重要组成部分，具有教育的属性，在实施运动处方的过程中，还起到教育的功能。

另外，心理科学知识也是不容忽视的，尤其是对有心理障碍的目标对象来说。因此，掌握心理科学知识对研究设计运动处方具有积极作用。

第二节　运动处方制定的步骤及原则

为了保证运动处方在实际运用中的科学性、有效性和实操性能够最大限度地发挥，在制定运动处方时，一定要掌握好一定的制定步骤和科学原则。

一、运动处方制定的步骤

在运动处方制定前，首先要掌握三个步骤，第一，就是健康调查、健康评价；第二，运动实验；第三，体质测试。在制定各个步骤的具体内容时一定要考虑清楚，要结合自身的实际情况。

（一）健康调查与评价

健康调查与评价的主要目的就是了解锻炼者的基本健康状况和运动情况。需要了解和掌握的基本情况有：首先，要详细了解运动者以往的病史和身体健康状况，以及现有疾病的治疗方法；其次，就是要了解运动者参与运动锻炼的动机和参与运动锻炼所期待达到的目标等；最后，要充分了解运动者所处的社会环境条件和运动者以往的运动史。

（二）运动试验

随着社会的不断进步，运动实验的应用范围越来越大。目前进行的运动实验一般采取逐渐增加运动负荷的方式，运动实验主要根据被测验者的具体情况和测验的目的而定的。正常来讲，进行运动处方的实验最好不要超出几点范围，即对运动者的体能素质和心脏健康状况进行测量评定，为后期制定运动处方提供必要的依据和提高运动处方的实效性。对于心脏的检测状况可作为早期冠心病的诊断依据，由于不适宜的运动可能会引发心律失常，做好这方面的记录在后期可用于对康复治疗效果的评定。

（三）体质测试

制定运动处方过程中最主要的依据是所选择测试运动项目的种类和运动强度的大小，测试的内容虽然广泛，但主要包括以下四种。

1. 运动系统测试

体质检测中对于运动系统的测试主要包括两种测试内容，一种是手法肌力测试，另一种是围度测试。

（1）手法肌力测试：被测者首先选好合适的位置，通过运动让肌肉做最大程度的收缩，同时在关节远端作用下，由测试者向被测者助力，通过施加阻力的过程观察被测者对抗阻力的状况。

（2）围度测试：这种测试方法是根据肌肉力量的大小，运用与肌肉的生理横断面有关的生理常识来测试肌肉力量的方法。这种测试的指标主要有：上臂围度、前臂围度、大腿围度、小腿围度、髌骨上 5 厘米的围度、髌骨上 10 厘米的围度等。

2. 心血管系统测试

人们对于心血管系统的测试主要分为动态检查和静态检查两种。测试的目的是观察被测者的心率、血压、心电图的起伏状况。通过检测心血管系统的健康状态，来评定被测者的心脏功能并以此为依据制定出科学实用的运动处方。

3. 呼吸系统测试

针对呼吸系统测评的项目种类繁多，主要是从人体肺活量、通气功能以及屏气实验等多方面测试人体的运动能力和健康状态，特别是对于有氧运动项目来讲，测试呼吸系统的性能十分必要。

4. 有氧耐力测验

进行有氧耐力测验时主要是采取走、跑、游泳这三种基本方式。目前，惯用的测试方式主要有定时的耐力跑和定距离的耐力跑两种。通过对受测者进行以上两种测试，基本可以了解受测者的健康状况、体力水平的高低和运动能力的大小。再根据受测试者的反应，制定科学、合理、针对性强的运动处方，从而保障运动者的运动目标顺利实现。

二、运动处方制定的原则

制定运动处方时除了要依据可行的健康标准，还要在满足运动者实际需求的基础上遵循一定的运动原则，制定出实效、合理、针对性强、可以全面提高运动者身体素质的运动处方。

（一）安全性原则

运动处方的制定首先是为了顺利达到运动者预定的运动目标，其次一定要保证运动者的安全。在制定前首先应对运动者进行全面的身体检查和体力测试，根据运动者身体的实际情况制定有针对性的运动处方，要最大限度地避免运动损伤的出现、保障运动者的安全。运动者一定要严格执行运动处方的各项规则和要求，选择适合自身运动负荷的项目进行锻炼。

（二）针对性原则

由于每名运动者的具体情况都是不同的，不同年龄、不同体质的人进行同一种锻炼，结果也会不同，甚至还会出现运动损伤。因此，制定运动处方时，必须要因人而异，要有一定的针对性。老年人和年轻人如果用同一种运动处方，老年人很可能完成不了，而年轻人则可能达不到应有的锻炼效果，这对双方来说都是不利的。况且，每个人的身体状况都是在不断变化的，任何人不可能永远都按照同一个运动处方进行锻炼。所以，在制定运动处方时，必须要根据每个人的具体情况量身定制，区别对待。这就是运动处方的针对性原则。

（三）渐进性原则

渐进性原则是指运动处方要根据运动者体质增强的规律而制定，在实施运动处方时，要根据个人的体质状况由小到大逐步增加运动负荷，遵循循序渐进的原则。关于渐进时间和每次渐进的量，应按照负荷和有效价值所规定的时间确定合理的渐进指标，并且要按照每个指标合理安排渐进的幅度和渐进的时间。

运动处方的渐进性原则主要是指按照循序渐进的特点，遵循超量恢复的法则来逐步提高运动负荷量。如果在锻炼的过程中仅按照一个运动处方进行锻炼，是不可能有效达到运动锻炼的目的的；而突然进行一次大强度、长时间和多次重复的锻炼，会违背循序渐进的宗旨，这样不仅达不到应有的锻炼效果，甚至还会造成运动损伤，影响下一步的锻炼计划。

（四）全面锻炼原则

人体是由大脑皮层统一调节的有机体，其中包含多个系统，并且每个系统之间都是互相联系和互相促进的，各个系统都有自己的功能，且各系统间不可互相替代。因此，在进行运动锻炼时，必须要按照运动处方进行，本着全面锻炼的原则，对身体各个部位进行锻炼，从而获得身心的全面发展。在锻炼的过程中，运动者还要结合运动锻炼的目标，合理调配饮食结构，以保证营养物质与运动目标的有机结合，促使机体与运动目标协同发展。

（五）可操作性原则

在制定运动处方时需要充分考虑到锻炼者所处的环境与实际的锻炼条件，充分利用体育资源，制定可操作性强的运动处方，保证运动锻炼的科学性和有效性。制定出的运动处方必须要有一定的可操作性，否则运动者就无法按照运动处方开展运动锻炼活动，就更谈不上达到运动锻炼的效果了。

第三节　运动促进健康的实施原则和方式

一、体育运动育人所遵循的原则

（一）体育教育与社会需要相结合

世界上任何一个国家在确定教育方向、教学内容和教学目标时，都要依据国家和教育部提出的教育要求，如增强体质健康、提高运动水平等。学生作为社会的需要和学习体育的主体，有很大的共通性，因此，进行体育教学既是社会的需要，也是学生的需求。体育运动作为人们工作、生活、学习中的一项重要内容，一直扮演着调节情绪、愉悦身心、促进健康、磨炼意志的重要角色。体育运动越来越受到高校教育工作者的重视和社会的青睐。因此，在现代高校体育教学中，已经将社会需求和学生主体需求完美地结合起来，从而为终身运动奠定良好的基础。

（二）体育教育与育心相结合

随着中国现代化建设的飞速发展，教育对现代人所必须具备的心理素质的培养开始凸显出来。目前，我国正处在独生子女偏多的阶段，来自家庭、长辈的溺爱和过多的包容，导致孩子以自我为中心的倾向日趋严重，对于相互尊重、相互理解、共同合作理解得并不透彻，不善于同别人共事、合作，意志并不坚强，自我控制能力与心理素质不高。因此，加强对学生心理素质的培养更具有特殊的意义。

高校体育对学生心理素质的培养，有着极为重要的作用，是其他学科所无法比拟的。体育教育与育心相结合的特色，必将会随着我国社会的发展而体现得越来越鲜明、越来越突出。

（三）增强学生体质与为学生养成终身体育打基础相结合

增进学生健康，增强学生体质，是学校体育教学的本质功能，是评价我国高校体育工作的主要依据。因而在我国学校体育中，一直相当重视运动的安排和学生身体素质的发展。特别是自 1995 年《全民健身计划纲要》的颁布和实施，进一步坚定了人们的这一认识。

二、体育运动方法方面所遵循的原则

（一）统一安排与自主活动相结合

我国仍是一个发展中国家，大学教育发展水平还不高，体育场地器材也普遍不足，这种状况一时还难以改变。因此，为了保证高校体育目标的实现和各项体育活动的有序进行，各学校应对体育教学、早操、课间操、课外体育活动、运动会等做出统一的安排，并由学校或班级统一组织进行。各种不同形式的体育活动，也都可以根据不同的情况和不同的对象，安排一定的时间给学生进行自主活动。

从目前情况来看，在我国高校体育中，学生自主活动的水平比较低，这很不符合素质教育的要求。学生是体育学习的主体，而素质教育就是一种弘扬主体性的教育，它尊重学生的人格、承认学生的个体差异、重视学生的个性发展。

（二）严格的组织纪律与生动活泼的体育氛围相结合

可以根据青少年的身心特点营造一个生动活泼的体育氛围。从广义来说，整个大学的体育氛围主要是指体育的育人环境。有人又把这种环境分成"硬件"环境和"软件"环境。"硬件"环境主要是指体育场地的器材建设；"软件"环境主要是指体育舆论和全校师生的体育意识。与此同时，教育行政部门和学校领导应把加强体育工作作为全面推行素质教育的突破口来认识和对待，在全校师生与学生家长中，通过种种媒介广泛深入地宣传体育的重要意义，形成一种强有力的舆论。从狭义来说，体育氛围主要是指学生从事各种体育活动时的心态与情感，如体育教学氛围、课外体育活动氛围等。

（三）激发学生的体育兴趣与培养学生刻苦锻炼的精神相结合

高校在体育教学中，往往为了教学效果，只是单一地提高青少年的某种运动能力，或让青少年在短时间内掌握住某一种运动技术，导致体育教学过程很单调、乏味，缺少趣味性。但是这种教学结果却是十分有效的，因此，青少年在学习、锻炼的过程中必须要克服学习的枯燥性，激发寻找锻炼过程中的趣味性，这样刻苦锻炼才能收获良好的效果。

（四）课内与课外相结合

现代的大学体育是一个人工设计的系统。大学体育中的课程教学、课间操、早操、课外体育活动等构成具有特定功能的大学体育的有机整体。想要提高它的整体效益和整体功能，就必须要有效结合课内外内容，把体育课程教学和体育活动、课间操、早操等紧密结合起来，并对此进行整体的规划和设计。

目前来讲，实现大学体育的教学目标的基本形式就是体育课程，但不是作为唯一的形式来运作。我国大学体育除了专业的体育课程，还有早操、课外活动、兴趣俱乐部、体育团体等多种不同的形式，每一种形式都有其不同的特点。在实现大学体育的教学目标上要有不同侧重的方向，这种侧重和专业的体育课程紧密相连、相互补充、共同促进。

第四节　运动处方的实施与监控

不同效果的运动处方经过测量制定后，紧接着就要具体检测处方的实施效果，在实施运动处方的过程中，运动者要切合自身的实际情况及时地调整运动处方的实施方案，始终保持运动处方的科学性、有效性和可行性，最大限度地保障运动促进健康的效果。

一、运动处方的实施

运动处方在实施的过程中一般会分为三个部分进行，不同的实施阶段会安排不同的锻炼内容、达到不同的运动效果。大学生在按照运动处方进行锻炼时，一定注意坚持实行处方在每个运动阶段的计划。

（一）运动前准备活动阶段

运动者运动锻炼前的准备活动尤为重要，正如很多大赛前都会有专门的人员为运动员进行热身运动一样，这是一种科学的锻炼方法，也是必须进行的运动过程。准备活动可以帮助运动者的身体从安静状态转换到运动状态，避免因为突然运动而引起肌肉拉伤、韧带撕裂、关节脱臼以及心血管系统和呼吸系统等因为剧烈运动出现超负荷意外，科学、适宜的准备活动可以有效地促进运动效果，使运动效果更加明显。

（二）运动中基本活动阶段

准备活动结束后，运动者紧接着要进入处方的第二阶段——运动中的基本活动阶段，这个阶段的安排主要是为了帮助运动者实现强身健体或顺利康复的目标。运动者在进行运动锻炼时，一定要完全按照设计好的运动处方来决定运动内容、运动强度以及运动时间。

（三）运动后整理活动阶段

运动处方的第三阶段即运动后的整理活动阶段，也是整个运动处方的重要阶段之一。它的主要目的是防止运动者剧烈运动后突然停止运动而引起身体不适，像头晕眼花、恶心、运动损伤等。因此，运动者在运动结束后，不可以立即停止运动、进入休息状态，而是应该先进行一些减缓运动，经过一小段时间的整理运动后逐步结束运动，这样才能更好地帮助机体实现疲劳恢复，促进健康。

二、运动处方的监控

大学生们在参与运动锻炼时，身体会产生一定的疲劳现象，这属于正常的运动综合症状，不会对机体产生危害，因此，不能因为身体有疲劳现象就终止运动，机体会通过肌肉疲劳与恢复的过程来促进机体功能增强、提高机体的健康水平。但是也不能过度运动，因过度运动而产生的过度疲劳对身体是没有益处的。大学生在实施运动处方的过程中，一定要采取必要的方法或措施进行自我监督和医务监督。

（一）自我监督

大学生在进行运动锻炼时，首先要根据自身的体质状况、运动基础、自身优势以及综合参与运动的计划来选择合适的运动项目。在运动过程中，为了让运动更好地促进健康，一定要随时观察自身的健康状态和机体的功能状态，具体的观察项目有主观感觉类的运动心情、运动后的感觉、运动后的食欲、排汗量等，客观类的有运动后脉搏的跳动状态以及运动效果等。

（二）医务监督

大学生在参与实施运动处方时，如果本身患有疾病，不可以不经过医生的指导而盲目参与运动，一定要在具有心电监测和及时抢救的医生或有医务监督的条件下参与运动。

第五节　实用运动处方

一、有氧运动项目的运动处方

有氧代谢运动被称为“健康运动”的主要原因有以下几个方面：第一，这种锻炼方法简便易行，其运动形式对技巧的要求不高，除步行、健身跑、游泳、骑自行车外，还有原地跑、登楼梯、健身操、跳绳等；第二，这是一种可对运动负荷强度、练习数量、持续时间和每周锻炼次数进行自监自控的锻炼方法，安全有效；第三，这种方法科学性强，它的特点是强度低、有节奏、不中断、可持续时间较长。

现仅对几项常用的有氧运动项目的运动处方的制定进行简单介绍，供运动实践参考。

（一）步行运动处方

行走历来被称为“百练之祖”，走路是人们日常最基本的活动之一，还是人们强身健体、延年益寿的最佳途径，也是每一个健全的人每天必须做的事情之一。它不限时间、不限地点、不易受伤、不挑剔运动者年龄和性别，年老体弱、身体肥胖和患有慢性病的人都特别适合用这项运动来进行健身。

但是相对于年轻人来讲，步行比较浪费时间，同样的运动效果，步行要比跑步多付出两倍的时间才能达到，如表 7-2 所示。

表 7-2　走和跑的能耗

走·跑速度（米/分钟）	能耗（焦/千克-分钟）	梅脱
60	0.33	4.5
80	0.41	5.5
100	0.48	6.6
120	0.65	7.7
140	0.64	8.7
160	0.71	9.8
180	0.79	10.9
200	0.87	11.9
220	0.95	13.0
240	1.03	14.0
260	1.11	15.1
280	1.18	16.2
300	1.26	17.3

注：按体重 60 千克计算。

梅脱（Met）即代谢当量，1 梅脱相当于每千克体重每分钟耗氧 3.5 毫升。

1. 步行健身的运动效果

健身运动中的步行总共可分为四种方式，即：普通步行、负重行走、医疗步行和竞技步行。

（1）散步是人们茶余饭后的一种积极健康的运动方式，研究证明，轻快的步行可以有效地缓解神经肌肉的紧张状态。著名的美国心脏病专家怀特曾经说过：心情愉快的步行和其他提高体质的运动一样，不仅能有效健身，而且是治疗情绪紧张的最佳镇静剂。每天坚持步行60分钟，可作为保持心脏健康的理想手段。

（2）长期、规律的步行锻炼可促进体内糖类代谢的正常化，人们饭前饭后进行散步运动是防治糖尿病的有效措施。实践证明，中老年人每天以每小时3千米的速度运动1~2小时，人体代谢率可提高50%，糖类的代谢也能得到明显的改善。

（3）步行运动具有良好的减肥效果。对于因为多食少动而肥胖的人们来说，长时间的疾走可以有效地消耗体内的热量，促使体内机能更高效地消耗多余的脂肪；如果能每天坚持步行运动，再适当地控制饮食量，就可以有效地控制身体发胖。

（4）步行运动锻炼有助于关节疾病的防治。步行是需要承受体重的运动锻炼，坚持规律的运动可以有效预防骨质疏松症、延缓退行性关节的变化和消除风湿性关节炎等。

（5）步行是增强心脏功能的有效手段之一。大步疾走时，下肢大肌肉群的收缩，可使心脏跳动加快，心跳脉搏量增加，血流加速，以适应运动的需要；步行还可在一定程度上改善冠状动脉的血液循环，这对心脏是一种很好的锻炼。

2. 步行运动处方

步行锻炼应以下列五点为基准。

（1）速度：以100米/分钟为限。

（2）运动量：行走距离为1000×2=2000米（往返）。

（3）运动频率：每日或隔日1次，每次20分钟。

(4) 动作要求，步行的姿势上半身略前倾，大步流星地走。

(5) 注意事项：为防止对头部的震荡，鞋后跟最好是橡胶底的。

(二) 慢跑运动处方

被人们视为“有氧代谢运动之王”的慢跑又被称作健身跑。相对于其他中长跑运动，健身跑的优点很多，不管是在运动距离还是运动强度上来讲，慢跑更具备轻松性、随意性，属于中低强度的运动练习，比较适合中老年运动者和处在恢复期的慢性病患者。除上述因素外，从运动医学的观点来看，慢跑受人们欢迎的主要原因还有三点：一是比较安全且省时间；二是健身效果好而且见效快；三是运动量容易控制，男女老少可以随时随地进行健身跑运动，也便于终生坚持锻炼。

慢跑虽然说是比较安全的运动项目，但个别人由于跑步技术不完善或运动量过大，也会发生某些运动损伤，其性质多数是轻微的。此外，慢跑时下肢关节受力较大，容易引起膝关节疼痛；由于脚下不停地重复快速的动作，受伤的概率大于步行和游泳。因此，缺乏锻炼的中老年人，宜先练步行，待基础体力提高后再慢跑，过渡期间可走、跑交替练习，使机体有一个适应的过程。

1. 慢跑健身的运动效果

(1) 慢跑运动能够有效改善由运动不足、生活安逸以及精神紧张等因素引起的“生活方式病”，对高血压病、糖尿病、动脉硬化、冠心病、肥胖症等疾病有很好的防治作用。

(2) 慢跑运动能够促进人体在大自然中摄取氧气，提高机体的新陈代谢，增进健康；到大自然中跑步还能陶冶情操，是一举多得的健身方法。

(3) 慢跑运动能够坚实人体的骨骼、关节和腿部肌肉，强健人体的心肺功能。

(4) 慢跑运动能够磨炼人的顽强意志，持之以恒地锻炼可换来健康的心态，从而能更好地迎接现代生活方式的挑战。

2. 慢跑运动处方

(1) 慢跑的运动量、运动强度和运动时间。慢跑运动中，运动量的大小主要由所进行运动的运动强度和运动时间来决定，它们两者之间是以运动强度为主，以运动时间为辅；运动者应该根据自身的运动条件，选择合适的运动强度和运动距离来加以锻炼。

①常规健身跑。常规健身跑是指人们按照自身运动状况而选择的千米慢跑运动，最初先以每次 1000 米进行锻炼，等身体负荷完全适应运动状态后，再每周或者每两周按照定性规律每次增加 1000 米进行锻炼，跑速控制在每 1000 米 8 分钟以内，最终跑步距离增至 5000 米即可。运动者根据自身的体质可选择每日锻炼或隔日进行锻炼。

②短程健身跑。运动者从最初的 50 米跑起步，逐步增到 400 米跑，跑速不要太快，速度一般控制在 100 米 40 秒以内，平均每周测量两次。当运动距离增至 1000 米后，短时间内不要再次增加运动距离，开始逐渐增加跑步速度，以提高运动的强度；刚开始增加运动速度时，为巩固运动强度，可增加锻炼频率，每日一次或两日一次。

③间歇健身跑。年龄偏大或体弱的运动者更倾向于采取间歇健身跑的方式进行运动锻炼，它是一种采用行走和慢跑相结合的练习方式。初练者一般会从快走 60 秒、慢跑 30 秒开始，反复交替进行练习来提高心脏负荷力。练习时间共计达到 30 分钟，以后再根据体力状况逐步增加运动量。

（2）慢跑的技术要领。慢跑的正确姿势是上体正直并稍前倾 5°左右，使头与上体成一直线，不左右摇晃，双眼平视，面部和颈部的肌肉放松。两臂摆动时，肩部要放松，上臂自然下垂，肘关节的曲度稍小于直角，两手自然半握拳，前摆时手稍向内，后摆时肘稍向外，做到“前摆不露肘，后摆不露手”。

（3）慢跑注意事项。慢跑时要注意掌握好呼吸节奏。所谓呼吸节奏就是让呼吸和慢跑的步子频率配合好。一般常采用“222”的呼吸节奏，即“两步一吸，两步一呼”的方法，也有采用“323”或“424”呼吸节律的，并且多主张采用鼻和半张口同时呼吸的方法。掌握好呼吸节奏，跑起来就会感到轻松自如。

（三）游泳运动处方

游泳运动的优点有很多，这是一项可以促进身体全面发展的运动，男女老少皆宜，又不易受伤，而且也是一种实用的生活本领，故应提倡从幼年就练习游泳。

游泳运动的缺点是游泳场地条件受限制，不易常年坚持锻炼。

1. 游泳健身的运动效果

（1）游泳是一项全身运动。游泳时，水的阻力比空气阻力大 820 倍，不论哪种游泳姿势，人的肢体都要不停地进行收缩和舒张，全身的肌群都会参与活动；长时间游泳可促使身体各部分关节和肌肉都得到良好的锻炼。所以，经常游泳不仅能使身材匀称、富有曲线美，而且可以提高肌肉的力量，刚柔适中。

（2）游泳是一种周期性运动，肌肉的紧张和放松交替进行，长时间锻炼可使肌肉变得柔软且富有弹性。

（3）游泳的减肥效果。水的导热性比空气快 28 倍，由于游泳时人体的热量散发很快，所以必须尽快地补充身体所失去的热量，以抵抗冷水的刺激。在同样的时间、强度下进行运动，在水中要比在陆地上运动能消耗更多的能量。研究证明，身体肥胖者如果能够每天坚持游泳 30 分钟，并且不增加饮食量，完全可达到减肥的效果。

（4）游泳运动可有效提高肺活量。当人体在水中浮动处于水平姿势时，接近于悬浮状态，胸部要受到 12~15 千克水压，因此必须不断加深呼吸。经过长期游泳锻炼，呼吸肌就会变得强壮有力，从而增大呼吸差和肺活量。

（5）游泳有利于锻炼骨髓的灵活性和柔韧性，能更好地促进骨髓的生长发育，还可以预防少年儿童佝偻病和软骨病的发生。

2. 游泳运动处方

游泳时的能量消耗很大，原因有如下几点。

（1）水的温度越低，散热越多，能量消耗也越多。例如在 12℃的水中停留 4 分钟所散发的热量，相当于人在陆地上 1 小时所散发的热量。

（2）用相同的速度、不同的游泳姿势时，自由泳的能量消耗大于蛙泳。

（3）游泳的速度越快，受阻力越大，消耗的能量就越多。

在制定水中游泳运动处方时，需要对陆上锻炼的运动处方的制定原则做出相应的调整。日本学者小早川智治对游泳中的最大心率与跑步的最大心率做了研究（1992），以探讨水中适当的运动强度。结果显示，水中的最大心率比陆上低 11 次/分钟，如被检查者的目标心率陆上平均为 151~186 次/分钟，而水中为 144~176 次/分钟，低 7~10 次/分钟；再用“220-年龄”推算最大心率时，则水中的低 13 次/分钟，水中目标心率低 7~11 次/分钟。因此，陆上运动处方应用于水上时，青年人要按照各种心率值减去 12 次/分钟来处理。

（四）登楼梯运动处方

登楼梯运动是近年来发展最快的有氧健身运动。据 1977 年的研究结果表明，每天登 5 层楼梯，可使心脏病的发病率比乘电梯的人少 25%。美国斯坦福大学于 1987 年的研究结果证实，登 1 级楼梯，可延长预测寿命 4 秒钟。研究还发现，一个人每星期登 5000 级楼梯（每日登 714 级，相当于上下 6 层楼 3 次），死亡率比那些不运动的人低 1/4~1/3。由此科学家得出结论：坚持登楼梯运动每 30 年便可延长生命 1 年。

登楼梯运动毕竟是一种比较激烈的有氧运动形式，必须具备良好的健康状态，且具有一定的训练基础。登楼梯运动并不能替代跑步、游泳等健身运动项目。

1. 登楼梯的运动效果

据统计，登楼梯时消耗的热量比静坐多 10 倍，比散步多 3 倍，比步行多 1.7 倍，比打乒乓球多 1.3 倍，比打网球多 1.5 倍，比骑自行车多 1.5 倍，比打排球多 1.4 倍。

2. 登楼梯运动处方

（1）登楼梯运动一般有登楼梯、跑楼梯及跳台阶三种形式，可按自己的体力进行选择。

（2）“登楼梯机”。该机器使用起来很方便。锻炼者只需像踩自行车那样踩踏上下转动的两块踏板即可，且有先进的计算机控制程序，可随时在屏幕上显示出时间、距离、步数、速度、心率、体重、热量消耗等各种参数，并且有多个难度（阻力）等级可供选择。

（五）倒走运动处方

进行倒走运动锻炼时，首先要选择平坦、安全的场地，不要在马路上进行练习，初期进行这项运动锻炼时一定要慢行，服装和鞋子要选择和散步、慢跑运动类似的装备。

由于倒走这项一反常态的锻炼方式，可以有效地刺激平时难以活动到的肌肉，平衡血液循环和肌体的状态，同时对神经衰弱、失眠、高血压等心脑血管疾病都有极好的防治作用。

（六）登山运动处方

登山运动作为体育锻炼项目来讲，秋季是进行这项运动的最佳季节。登山运动在我国被称作“心血管体操”，它对人体可起到增加肺活量、促使脑血流量增加、血液循环系统增强、提升尿液酸度的作用。长时间、多次数的登山运动，不仅可以增强心脏和血液循环系统的功能，还能保证血糖、血压、血脂维持在正常水平，同时对人们预防骨质疏松症、促进骨骼健康具有特殊作用。

二、青少年增高运动处方

（一）影响增高的因素

在青少年生长发育的过程中，影响身高的主要因素共有两大类，即先天的遗传性因素和后天的环境因素。人体身高有75%取决于种族、父母的遗传基因，只有少部分的因素来自于后天环境所产生的影响。青少年生长发育的模式虽然由遗传基因所决定，但是后天生长的潜力也不容小觑；充足的营养、良好的生活习惯和愉悦的精神状态都有利于青少年后天的生长发育，这其中，科学、合理的体育锻炼是刺激生长的主要因素。因此，选择合适的运动项目尤为重要。

（二）身高的预测

世界各国科学家经过大量的科学研究发现，身高基本遵循两条规律，一是在青少年生长发育期占据稳定性的遗传基因，二是后天成长的规律，即有部分人在儿童时期就身材高挑，步入青少年期后身高也一直在保持稳定增长，直至成年；反之，则矮。根据这两条生长规律，不少科研学者通过大量的反复调查，从多种成长角度计算出了预测身高的方法。

1. 根据父母的身高推算

我国学者王路得等人，制定出的身高预测公式如下：

儿子未来身高（厘米）= 65. 699+0. 419×父身高（厘米）+0. 25×母身高（厘米）

女儿未来身高（厘米）= 40. 089+0. 306×父身高（厘米）+0. 413×母身高（厘米）

2. 根据拍摄骨龄片评定推算

多个事实证明，根据人体骨龄片进行评定推算的预测身高的方法更为科学、合理，相对于其他推算方法的准确率也更高，尤其适合运动队选拔预备队员和业余体校选拔学生。预测公式为：

预测身高（厘米）= 骨龄发育百分比数/现时身高（厘米）

（三）增高运动处方示例

第一，伸拉躯干，请同伴帮助，一人抓住双手，一人抓住双腿，两人同时向相反方向适度伸拉锻炼者的躯干，连续 2~3 次，每次 15~20 秒。

第二，柔韧和放松练习——伸腿、摆动、抖动，18~20 分钟。

第三，纵跳摸高（树枝、篮球板、天花板等）。双腿跳、单腿跳各两组，每组 10 次；每组间歇 5~8 秒，换腿间歇 4~5 秒。要尽全力起跳，尽量跳得高些。

第四，单杠悬垂，尽量放松身体，两组不带负荷（每组 20 秒），一组带5~10 千克负荷（重物系在腿上）。

第五，登 20~30 米高的小山，尽量加快速度，然后疾步跑下，重复 3~4次。

第六，坚持有氧慢跑 5~7 分钟。

上述练习内容每天早晚各进行一次。可促进处在生长、定型期的大学生们做最后的成长拼搏。

另外，在保证睡眠和饮食营养均衡的基础上，还要循序渐进地进行像打篮球、排球和游泳之类的运动锻炼，全面促进全身各组织器官、骨骼的生长发育。

三、高血压运动处方

（一）高血压病运动治疗的作用机理

实践证明，人们长期进行规律的有氧运动，首先，骨骼肌可以得到有效锻炼，可以在很大程度上增强末梢神经血管的适应性，对作用于大脑皮层和皮质下的血管运动中枢有很好的降压作用；其次，人体经过有氧锻炼可以降低血管平滑肌对于运动的反应性，改善血液的动力学反应，提高身体的活动能力；最后，规律、合理的运动锻炼对于改善情绪，提高交际能力，增加社会活动的适应性，降低情绪波动的频率，改善不良的性格都有积极的作用。

（二）高血压病运动处方

高血压病运动处方，如表 7-3 所示。

表 7-3　高血压病运动处方

运动种类	①快走与慢跑速度：120 步/分钟（约 7 千米/时 = 2 米/秒） ②缓慢上下自家楼梯或蹬功率车
强度时间	最大摄氧能力的 50%、心率为 120 次/分钟或最大体力的 50% 每次 60 分钟，约消耗 1255 千焦
频度运动总量	每周 3 次，持续 20 周 累计运动时间达到 1000 分钟以上
锻炼方法	隔日 1 次，每次 60 分钟，周计为 180 分钟 每日 1 次，每次 30 分钟（星期日休息），周计 180 分钟 隔日 1 次，每次 30 或 60 分钟交替，周计 180 分钟

四、发展心肺功能的运动处方

运动锻炼目的：提高心肺功能，发展有氧耐力素质。

（一）运动项目

长距离步行、慢跑、自行车、游泳、划艇、爬楼梯等全身大肌肉的持续性活动。

（二）运动强度

（220−年龄）×（60%~80%）的目标心率。

（三）运动时间和频率

每次20~60分钟，每周3~5次。

（四）注意事项

每个人的适应水平和能承受的运动强度不同，锻炼持续的时间也应根据自身情况有所区别，对于一般适应水平低的锻炼者来说，20~30分钟就可提高心肺适应水平；而适应水平较高的锻炼者则需要40~60分钟。所以，运动者可根据自身的运动水平和运动基础来调整运动的频率和强度。一般来讲，每周进行两次锻炼可以达到有效增强心肺适应能力的功能，三至五次的运动锻炼可以使运动损伤的概率降到最低、心肺功能的适应水平达到最高。

凡是有大肌肉群参与的、慢节奏的持续性运动都可作为锻炼方式。人们可以按照自己的兴趣选择喜欢的运动，另外还要考虑可行性和安全性。运动锻炼中相对来讲不易受伤的人群就可以任意地选择运动项目进行锻炼，容易产生运动损伤的人群就要在选择项目时有所顾忌，一定要选择运动动作不激烈、对身体冲击力相对小的项目进行锻炼。

五、发展肌肉力量的运动处方

运动锻炼目的：提高肌肉力量和爆发力。

（一）运动项目

哑铃或杠铃。

（二）运动强度

选择8~12个主要肌肉群练习，以8~12最高重复次数的重量或阻力做8~12次/组，共做1~2组，组间休息时间约1~3分钟。

（三）运动时间和频率

每次总练习时间20分钟为最佳，每周1~2次。

（四）注意事项

每周进行4次锻炼是能坚持长期肌肉力量锻炼的最大频率限度。一般来说，运动者进行运动的频率为每周1~2次最佳，这样既能保证不产生运动损伤，还能有效增加肌肉力量，运动成果也可最大限度地体现出来。力量锻炼的间隔时间，一般会以肌肉能彻底恢复的时间为参考，正常情况下，肌肉在停止锻炼后5秒能恢复50%，2分钟左右可以完全恢复，所以，为了保证运动效果，每次运动锻炼的间隔时间要控制在2分钟以内，每次练习总时间以20分钟最为适宜。

当运用杠铃练习时，须有同伴帮助，以便在需要时得到保护。

六、发展柔韧素质的运动处方

运动锻炼目的：提高柔韧性。

（一）运动项目

被动静力性伸展法或本体感受神经肌肉伸展法。

（二）运动强度

每组肌肉伸展至拉紧或有少许酸痛感觉为止。

（三）运动时间和频率

每组肌肉伸展约10~30秒钟，大肌肉群可伸展30秒钟。但是每个姿势的持续时间和次数应逐渐增加，一般从 10 秒钟逐渐增加到 30 秒钟。可每天练习或在运动后练习。

（四）注意事项

进行柔韧性练习时，动作的幅度要逐渐增大，用力要柔和，以避免受伤。

静力性练习一般保持 8~10 秒钟，重复 8~10 次可收到良好的效果；动力性练习一般保持在 15~25 次。还要针对身体进行全方位的运动锻炼，不管是运动前的准备活动、运动后的伸展运动还是进行关节柔韧度的练习，都要兼顾其他及全身关节柔韧性的锻炼。

第八章　体育运动中损伤及其防治的对策

第一节　运动中的注意事项

运动锻炼是指人们有计划、有目的地进行身体运动，从而达到强身健体、增加体能的目的，人体自身的发展要经历生长发育期、成熟期和衰退期这三个发展时期。适宜的体育锻炼对人体各个时期的生理变化都有积极影响。因此，运动锻炼贵在坚持、重在科学，要点是因人而异。

一、运动的益处

（一）改善人体各系统的功能

第一，运动可以有效提升人体的大脑和神经系统的工作强度，能在很大程度上增加神经系统的均衡性及灵活性、增强神经细胞的持久力，从而使人体获得更多的氧气与能量的供应，大脑和神经系统相应地也能在紧张的工作后得到充分的休息和调整。

第二，系统的运动训练，能使心肺功能得到显著改善，可较大地提高肺通气量，增加心脏的脉搏排出量，提高供氧能力。

第三，运动能调整人体肌肉与脂肪的比例结构，增加机体的柔韧性、协调性，改善人体的结构比，体现人体的健美状态。

第四，运动能调整人的心理健康状况，促进人的身心健康发展，培养人们的良好意志与品质，以及坚韧不拔的意志和精神。

第五，体育运动还能调节人体的自主神经系统，有助于防止便秘、预防和控制某种类型的糖尿病、降低血压等。

（二）保持位能

相对于人体自然衰老，缺乏运动才是老年人体能下降的罪魁祸首。运动促进健康是指长期、规律的运动能提升体质，增进健康。如不能坚持运动锻炼，在停止运动后，锻炼带给人体的益处很快就会消失，全身肌肉和心肌会出现软弱乏力、血压上升、脂肪继续增多的现象，对人体有益的高密度脂蛋白（HDL）胆固醇也会有不同程度的下降，甚至患心肌梗死的概率会比运动前更高。

二、制订计划

科学、系统的锻炼计划可以克服运动的盲目性和随意性，可以更充分地利用时间、取得预期的效果。体育锻炼要有系统性，要从简单到复杂，逐渐加大运动负荷，有层次、有系统地进行。

简单的计划可从自身的感受做起，当锻炼后出现四肢酸痛或沉重感时，说明你制订的计划已基本到位，可继续进行；在锻炼一段时间后，机体体能大幅度提升，当人体可以承受更长时间的锻炼而不会感到疲劳时，表明可以再次适当地增加运动量了。如果每天的运动都能很舒适地进行，同样也会在很大程度上增加运动者进行持续锻炼的兴趣。

（一）锻炼的时间

现代大多数人都希望用最少的时间获得最大的运动效益，每周坚持锻炼 3 次、每次坚持运动 30 分钟左右，就完全可以维持体能；但每周低于 3 次的运动或者每次低于 30 分钟的锻炼对健身没有意义。

人体改善体能的方式主要是来自于机体肌肉疲劳的完全恢复，并不是要求运动者每天重复相同的运动动作进行锻炼。人体强大的心脏功能虽然耐得住每天运动带来的负荷，但是每天不断增加运动量却会损伤人体骨骼肌。专家在运动者进行大量运动后的当天，在显微镜下观察了肌纤维组织，发现肌纤维有微小的撕裂和出血的现象，这就科学的解释了为什么人们在进行剧烈运动后，会有肌肉疼痛的感觉，这种疼痛一般要在运动 48 小时后才能渐渐恢复。肌肉微小地拉伤愈合后，反而会变得更加强壮。所以，每周坚持锻炼 3 次，或者每运动完毕，间隔休息几天后变换运动内容接着进行锻炼，这种方式非常有助于预防肌肉的损伤。

（二）运动的强度

运动者在运动初期必须要制订严格的锻炼计划，掌握好自身合理的运动负荷，科学地加以锻炼，这样才能在运动锻炼中获得满意的运动效果。切忌在运动中无规划的盲目锻炼，兴致高时过量运动、没兴致时连续不运动，这些随心而起的运动锻炼对身体只有害而无益。为了减少运动过激带来的运动损伤，运动者进行运动时首先要清楚地了解自身的负荷量，如果运动产生的负荷量超过自身的负荷量就容易引起运动损伤，负荷量过小则达不到刺激人体肌肉的程度，就不会产生相应的运动效果。因此，获得健康的体能主要取决于运动者的运动强度，而非运动周期。

（三）运动内容的选择

科学地选择体育锻炼的内容，是获得良好体育锻炼效果的重要环节。在选择运动内容时，应注意以下几点内容。

1. 选择运动的内容应注意针对性

针对性就是要因人而异，即根据自身的爱好、身体特点、场地器材条件、学校或周围环境以及今后的需要来决定锻炼内容。人的个体之间有很大的差异，相同的年龄、相似的体格及等量的运动强度的产生的运动效果也可能大不相同。因此，在进行运动项目的选择时，一定要切和自身的实际条件，即身体负荷量的大小、年龄、性别、运动基础等。再者，还要确定好自身锻炼的目的，是为强身健体、提高运动水平，还是为了更好地促进生长发育，从而配合自身的兴趣爱好来选择适宜的项目进行锻炼。对高校学生来说，应多进行一些竞技性活动和娱乐性项目，尽量多接触不同性质的运动项目，尤其是要关注新兴的运动项目，以丰富运动经历，还要多参加田径、球类、体操等传统项目，定向运动、登山运动、野外训练等新兴运动项目也可以在条件成熟的情况下适当参与。

相对于每天进行规律运动的人来讲，经常变换不同的运动项目进行锻炼可以有效地预防肌肉损伤，增强体能，促进肌肉恢复。人体在参与运动锻炼时，假如今天跑步半小时，明天骑车半小时，这种锻炼方法不会使自身产生任何的运动损伤；但是如果在运动时间相等的前提下，同一天进行两种运动项目会更容易对人体造成伤害。

2. 选择运动内容时要有各自的目的性

体育锻炼的目的不同，所采用的锻炼方法也就不同。如以健身为目的，就应该选择有氧运动，较好的有氧运动项目包括慢跑、网球、排球等；若以减轻体重为目的，则应选取摄取能量与消耗能量保持平衡、甚至消耗能量大于摄取能量的运动项目，如长跑、竞走等。

3. 选择体育运动的内容时还要顾及全面发展

运动应考虑全面性，使身体的各个部位、各个系统运动技能、身体素质和基本活动能力都能得到全面的发展。

4. 运动内容应实用方便

进行体育锻炼应考虑实际条件，如场地、器材等客观条件，因时、因地进行一些实效性强而又简便易行的锻炼内容和形式。同时，也可以创造性地移植项目、创造适应客观条件的新项目。

5. 运动的内容应注意因时制宜

体育锻炼要从实际情况出发，讲求实效，不要贪多，要力求简单易行。同时，要考虑当地的季节气候情况，因时制宜。我国大部分地区一年四季气候差异较大，很多项目对气候环境有着极高的要求，这就要求练习者要掌握几种不同季节条件下可参与的运动项目，便于在不同时间段内进行不同项目的锻炼。

（四）辅助锻炼

1. 热身运动

在静止肌肉中，肌血流量较小；但经热身运动后，体温上升，血管扩张，血管壁阻力减少，局部肌血流量增加，血红素和肌蛋白结合和释放氧的能力增强，神经感受器的敏感度和神经传导速度因体温升高而获得改善，关节、肌膜、韧带和其他结缔组织的伸展性也随之提升。因此热身运动可增加肌肉收缩时的速度和力量，改善肌肉的协调能力，预防或减少肌肉、肌腱、韧带的伤害。健身操就是基本的热身活动之一。

2. 伸展运动

运动锻炼后必须要进行伸展运动进行辅助，人体在刚结束运动时的肌肉发热，不会带来肌肉撕裂的可能，及时地进行伸展运动，使牵拉肌肉和肌腱拉长，拉长的肌肉在关节周围可以发挥更大的力量，有助于运动者产生理想的运动成绩（具体指跳得更高、跑得更快等）。

3. 减缓运动

在运动锻炼即将结束时切不可突然中止运动，运动者要在运动后期适量减缓运动量，慢慢结束。不然由于运动时大量地消耗能量，会造成肌肉紧张，突然停止运动后腿部肌肉就会放松，血液堆积在腿部静脉中得不到回流，大脑没有充足的供血很容易引起头晕。运动后期进行减缓运动还有助于清除身体在进行无氧锻炼时产生的大量乳酸，防止肌肉酸痛。

三、运动中的注意事项

（一）做好身体、心理准备

体育运动和其他活动不一样，在运动之前一定要先做好身体和心理准备，要了解自身的身体状况，调整好心态，最重要的是要做好吃苦的准备。

（二）注意着装

在体育运动中最基本的着装要求就是要“轻便”，运动过程中尽可能不要穿得太多，以免服装太沉，影响运动能力；此外，着装重点在一个“便”上，因此要选择比较宽松或带弹力的服装，最好是运动服；不要因为服装太紧而限制了运动中关节的活动范围，影响技术水平的发挥，这样可能达不到运动的预期目的。在着装时还必须注意“由厚到薄”的原则，根据运动中身体的发热情况，可酌情减少外套。在运动后必须及时穿上外套，以免因为运动中出汗太多而受凉。

（三）用具准备

在进行体育运动之前，要做好对运动中所需要的一些用品的准备工作，如饮料、毛巾等，为更好地进行锻炼做准备。

（四）熟悉器材、场地的情况

在运动之前要对所采用的器材和场地进行了解，并检查所要用的器材是否正常、场地是否适合及周边环境可能对运动造成的影响，以尽可能减少运动过程中意外事件的发生。

（五）关注天气情况

天气情况是能否进行运动的必要因素，良好的天气情况是正常进行运动的保证，要及时了解运动过程中的天气情况，尽量避免在高温和紫外线太强的天气下进行体育锻炼，以免在运动过程中出现中暑和因紫外线过强而造成的皮肤损伤及全身失调等现象发生。此外，还要注意下雨对运动的影响，下雨天应尽可能地选择在室内场地进行锻炼，避免因下雨造成户外场地太滑而引起意外事件的发生和因淋雨产生的疾病。在较冷的环境等特殊环境中进行运动时，要注意了解特殊环境中身体机能的特点，做好相应的准备工作。

（六）准备活动

在进行较剧烈的运动前，必须做好准备活动。准备活动又称作运动前的“热身运动”，主要是为了预防肌肉损伤，提前提高人体中枢神经系统的兴奋性，将人体调整至积极的备战状态。进行准备活动时，一定要根据即将进行的运动项目的特点，有针对性地进行“热身”，再调整好其他关节的准备运动，帮助身体调整到最佳的运动状态。

（七）注意运动的量和强度

在运动过程中要注意保持运动量和强度的合理性，根据自身的体能情况制订相应的运动计划，关于运动量和强度的安排，开始不宜太大，以免造成身体损伤；也不能太小，这样达不到锻炼的效果，应选择适宜的运动量和强度进行锻炼。若出现特殊情况应及时调整运动计划，使运动量和强度与身体状态相适应，这样可以更好地起到强身健体的作用。

第二节　运动创伤检测和诊断的基本知识

对运动创伤的诊断是在了解伤员的病情、体征和有关医学检查结果的基础上，对损伤的部位、性质和程度进行判断和确认的过程。掌握创伤的一般物理检查方法和诊断学的基本知识，有助于对在运动中发生的急、慢性损伤进行初步判断，而对伤情的正确判断则是伤后实施现场救治和进一步处理的重要前提。

一、采取受伤史

采取受伤史是检查者通过与病人或知情者进行交谈，了解病情的发生、发展及转归，并经过综合分析得出初步判断的诊断方法。在询问病情前，一般应先了解伤员的姓名、性别、年龄、所从事的运动项目、训练年限、运动等级和既往损伤史等情况。

（一）询问受伤当时的情况

要求了解受伤者受伤的确切日期和地点。了解是在上体育课、训练、比赛时，还是课外活动时受的伤，同时要了解受伤部位。

（二）询问受伤原因及动作

了解受伤当时的训练或比赛组织安排是否恰当，运动场地是否符合安全卫生的要求，受伤动作是否符合技术规范、有无动作失误等。接触性运动要了解对方使用的动作是否合理，有无违反规则等。详细询问受伤机制对创伤性质判断和伤后训练的安排尤为重要。

（三）询问伤情

1．疼痛

要了解伤后疼痛发生的时间，疼痛的性质（锐痛、钝痛、酸痛、针刺样痛、搏动样痛），疼痛与运动项目和运动量的关系，疼痛是否伴有窜麻感或具有放射性。一般急性损伤如骨折、脱位等，伤后会立即出现疼痛感，疼痛剧烈。慢性损伤则疼痛较轻，但会随病情发展逐渐加重，常与运动项目和运动量有关，准备活动后疼痛会减轻，运动后会加重，经休息又会减轻。患有腰椎间盘突出症的患者，会出现疼痛伴通电样窜麻感，且沿大腿后侧向足跟或外侧放射；陈旧性损伤疼痛的发生对气候特别敏感，阴天下雨时疼痛会加重；半月板损伤或关节内游离体，在活动关节会出现有响声的疼痛，常伴关节交锁。

2. 功能

了解伤后是否有功能障碍。若有，则要了解其对运动技术妨碍的程度如何，是否有功能的完全丧失。如髌骨、软骨病患者不能半蹲；肩关节脱位者不能抬举上臂；股骨横断骨折者无法站立和行走。

（四）询问病程发展情况

需了解创伤的发生和发展过程属于急性还是慢性，受伤后的治疗方法、经过和效果，伤后训练安排内容和量，以及进行练习后患部的组织反应等。

二、一般物理检查

运动创伤的一般物理检查方法包括望诊、闻诊、触诊、动诊和量诊。

（一）望诊

望诊又称视诊，是检查者通过眼睛观察伤员的全身和局部表现的诊断方法。对创伤病人进行望诊时，在着重注意患部的改变之外，还应观察有无全身反应。

1. 神色

通过观察伤员的面部表情，判断伤情轻重。若精力充沛、面色红润、神色无异常，一般表明病情较轻；若表情痛苦、神色萎靡、面色苍白，是伤重的表现；神志昏迷、四肢冰凉，瞳孔散大者，则多属危症。

2. 姿态

姿态异常是患者为缓解伤处的肌肉痉挛，减轻疼痛或避免再伤而采取的一种保护性体位。注意观察伤员站、坐、卧的姿势和走路的步态是否有异常，动作是否协调自如。下肢肌肉拉伤，踝、膝关节损伤常呈跛行；急性腰损伤或腰椎间盘突出者，脊柱有可能前倾、后仰或侧弯；骨折与脱位多伴有特殊的姿势和体位。

3. 患部

观察创伤局部的情况，了解患部肤色改变、肿胀、萎缩和畸形情况；注意观察皮肤有无破损，淤血的程度，肿胀的范围是局限还是弥漫；观察有无肌肉痉挛和萎缩。肌肉痉挛为保护性反射所引起的，常见患部肌肉隆起，肌张力增高。慢性损伤常引起肌肉废用性萎缩，如膝关节半月板损伤可引起股四头肌内侧头的萎缩，股骨头骨骺损伤常引起股部和臀部的肌肉萎缩；因运动引起的神经受损也可引起肌肉萎缩，如运动员肩胛上神经受损，引起冈下肌萎缩症。还应注意观察身体外部形态有无异常改变。如脊柱生理曲线有无改变，上、下肢是否等长、对称，伤处有无成角、旋转等。有些特殊畸形可作为某种损伤的诊断依据，如方肩畸形常见于肩关节脱位，银叉样畸形为桡骨远端骨折，垂腕症见于桡神经损伤，垂足症见于腓神经损伤等。

另外，某些严重的运动损伤，除局部征象外，还可能出现其他部位的合并损伤，或伴有全身症状，在望诊时应注意全面观察。

（二）闻诊

闻诊又称听诊。是检查者通过听觉获取病人身体某部或伤处发出的声音，并根据声音进行诊断的一种方法。创伤检查的听诊还包括病人自诉在受伤现场所听到的异常响声。

1. 响声

受伤瞬间听到响声，常表示有骨、肌腱、韧带、肌肉的断裂或关节脱位。活动关节听到响声，提示关节内有异物，或关节附近的滑囊、腱鞘有炎症，如肩峰下滑囊炎，活动肩关节会出现响声；股骨大粗隆滑囊炎，活动髋关节时会出现响声，后者又被称为“弹响髋”。

2. 骨擦音

骨折后移动伤肢，可听到断骨间相互摩擦的粗糙声响。

（三）触诊

触诊是检查者通过手的感觉对病情进行判断的一种诊断方法。检查者通常利用指腹和掌指关节、掌节进行触诊，这是因为此处的皮肤最为敏感。触诊前应先向伤员讲清楚检查目的，充分暴露被检部位；检查者一般位于伤员右侧，在触诊的同时要注意观察其面部表情，触诊的手要缓和，力度适宜，动作轻柔缓和，一般先触伤部周围，再触伤处，按压痛点时手法不宜过重。

1. 皮肤温度

急性损伤充血期皮肤温度常会增高，局部发凉多为陈旧性损伤。

2. 压痛

用手指轻按患部，寻找压痛敏锐的部位。多数损伤的压痛点与损伤组织的解剖结构相一致，即痛点所在处为损伤组织的病变部位。压痛部位浅，范围较广泛，程度较轻者，多为软组织损伤；压痛部位深，痛点局限，呈锐痛或刺痛者多系软组织撕裂或骨折；压痛深，且向肢体远端反射者，多为神经根受压。

3. 畸形

如果畸形的程度轻但肿胀严重时，望诊常不易察觉，应用触诊加以判断。如肘后脱位时需要触摸肘窝内有无滑出移位的肱骨滑车，肘后三角骨性标志是否等腰，骨折时可触摸断端是否隆起或成角。

4. 硬结、 包块或摩擦感

慢性损伤是由于患部组织粘连、变性、增生、肥厚、钙化或骨化，局部常可摸到硬结或条索状物，有的则触摸皮下有摩擦感。如胫腓骨疲劳性骨膜炎，皮下可摸到单个或多个成串的结节；慢性滑囊炎或腱鞘囊肿，局部可摸到界限清楚、推之稍动、质地较硬的圆形肿物。

（四）动诊

动诊是通过患者的主动或被动活动而获得诊断信息的检查方法。由于创伤会引起组织破坏、断裂，疼痛会引起肌肉保护性痉挛，骨折后肢体的正常力学关系会改变等，都可能使患部的正常生理功能受限或完全丧失。因此在进行一般物理检查时，应注意肌肉、关节的被动运动和主动运动的情况，如肱二头肌断裂和肱骨骨折者时，患者不能主动屈肘；髌腱断裂、髌骨骨折或股四头肌断裂时，患者不能主动伸膝。此外，一些特殊的物理试验检查，对伤病的诊断也非常有帮助，如肌肉抗阻试验，对确诊肌肉是否损伤及其受伤的确切部位有重要的临床诊断价值。在进行有关试验法检查时，应注意方法必须准确，必要时应与健侧比较，以提高检查的准确性。

（五）量诊

量诊是通过专门的量具（如皮尺、测径规、量角器等）对损伤部位进行测量，根据测量的结果进行辅助诊断的检查方法。根据损伤的具体部位和病情，应选择合适的测量方法和器具，如四肢部位的软组织损伤、骨折和关节脱位，都有可能造成肢体的长度、围度或关节活动度发生改变，在诊断时有必要对患肢的长度、围度、生理轴线或关节的活动度（ROM）进行测量。此外，还可进行脊柱生理弯曲度或肌力的测量等。四肢部位的量诊，应注意将患侧与健侧进行比较测量，以准确判断伤情。

三、特殊检查

常用的特殊检查方法有影像学检查（如 X 线、CT、核磁共振等）和关节镜检查。这些检查需要专门的医疗设备，且需要在医院由专职医生操作。鉴于上述检查对于某些运动损伤的确诊具有重要意义，因而已被广泛应用于运动创伤的临床诊断中。

（一）X 线检查

X 线检查是利用 X 线所具有的穿透性、荧光作用和照相作用，通过对人体进行透视或摄片进行诊断的医学检查技术。目前广泛应用于骨折和关节脱位的诊断，如图 8-1 所示。在应用对比剂（气体、钡、碘）的情况下，还可进行器官结构的显影。鉴于 X 线对比重和密度相差不大的组织显像不清，故对软组织损伤的诊断价值不大。并且某些复杂的骨折和疲劳性骨折，早期常显像不清，在诊断时应予以注意。另外，X 线具有辐射作用，对人体有害，不宜多次重复检查。

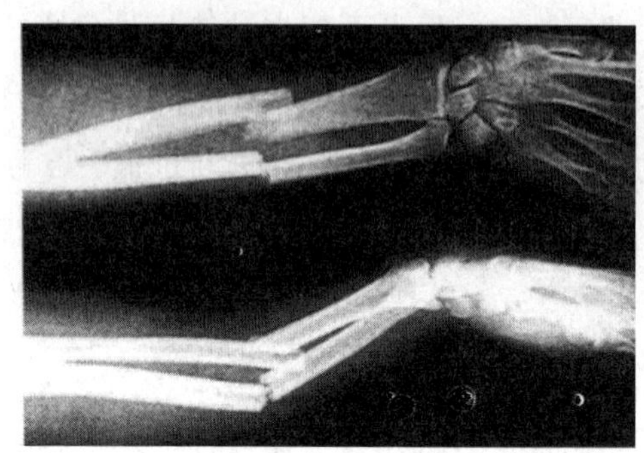

图 8-1　尺桡骨双折（成角畸形）

（二）CT（Computered Tomography）检查

CT 是计算机体层摄影的英文缩写，它是将计算机技术应用于 X 线诊断的医学检查方法。由于该检查具有很高的密度分辨率，可显示骨、软组织和体液等各种人体的正常结构和病变情况（如图 8-2 所示），又能提供没有组织重叠的横断面影像，且是一种无创伤、无危险，能迅速准确地进行诊断的检查方法，故被广泛应用于各种 X 线平片无法显示的复杂部位及特殊类型的骨折、肌腱和韧带的断裂、腰椎间盘突出症、椎管狭窄症等运动创伤的诊断。

CT 检查的费用较高，对某些损伤的定性诊断缺乏特异性或有可能出现假阴性，且对于血管病变的诊断不如血管造影。

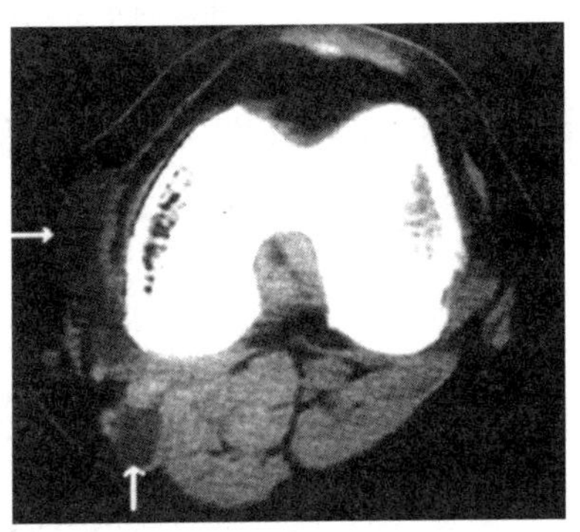

图 8-2　左膝内侧及腘窝部滑囊炎

（三）MRI（Magnetic Resonance Imaging）检查

MRI 是磁共振成像的缩写，又称核磁共振成像（NMRI），是利用氢原子核在磁场内共振生成影像的一种检查方法。由于 MRI 比 CT 具有更高密度的分辨率，故对软组织图像的显示效果更佳。目前不仅广泛应用于组织形态学的研究，还可通过 MRA（MR 血管造影）等技术显示器官的功能和血液动力学的改变。在运动创伤临床诊断上，主要应用于脊柱、四肢及关节病变和肌间隔综合征的诊断，如图 8-3 所示。

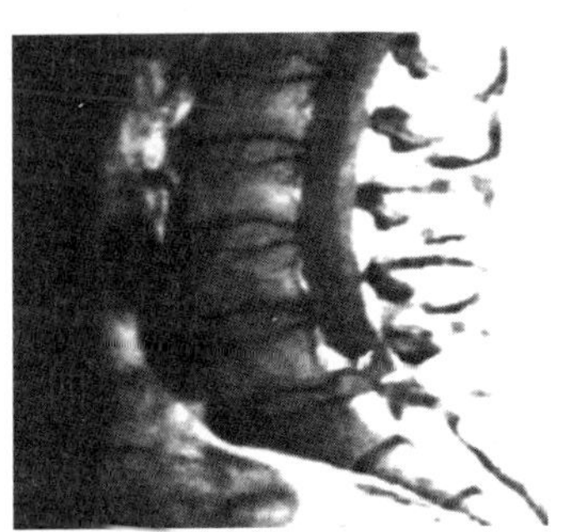

图 8-3　腰 5 骶 1 椎间盘突出 MRI

（四）关节镜检查

关节镜检查是在内窥镜基础上发展而来的一种关节诊疗技术。目前在骨科广泛应用的有膝、髋、踝、肩、腕关节镜检查，主要用于关节内疾患的诊断和治疗。

第三节　不同运动项目的损伤特征

一、运动创伤分类

（一）按创伤的病程分类

1. 急性损伤

指组织在瞬间遭受直接或间接暴力作用而引起的损伤。此类损伤病发急，症状和组织反应明显，如处理得当，多数病程会相对较短。

2. 慢性损伤

包括因急性损伤处理不当迁延造成的慢性损伤，以及因局部过度使用而引起的组织细微损伤积累；前者被称为陈旧性损伤，后者又被称为“劳损”。

（二）按受伤后皮肤、黏膜的完整性分类

1. 开放性损伤

指皮肤或黏膜的完整性受到破坏，伤口与外界相通而造成的损伤，如擦伤、切伤、刺伤、裂伤等。

2. 闭合性损伤

伤处皮肤和黏膜完整，无裂口与外界相通的损伤，如肌肉拉伤、关节韧带扭伤、挫伤等。

（三）按受伤组织的结构分类

1. 软组织损伤

指皮肤、黏膜、肌肉、韧带、筋膜、关节囊、滑膜、脂肪垫等组织的损伤。据北京运动医学研究所对2725例各种运动项目创伤性质的统计，此类损伤占55.66%，居各损伤的种类之首。在群众体育活动中，常见急性软组织损伤；从事专项训练的竞技运动员，则以慢性软组织损伤居多。

2. 骨与关节损伤

包括骨、关节、关节软骨、软骨盘以及骨骺的损伤。成人急性损伤多

见骨折和关节脱位，儿童多见骨骺的损伤。慢性损伤则多为与专项技术特点有关的骨软骨炎、关节软骨的退行性变或创伤性骨关节病。

3. 末端病

指肌腱、韧带或关节囊的纤维层在骨端的附着处（又称末端、附丽区或腱止装置）所发生的慢性劳损性组织变性。此类损伤大多因过度使用病变部位而引起，创伤的好发部位与运动技术动作对某一部位的特殊要求密切相关，如羽毛球、网球运动员长期反手击球引起的肱骨外上髁炎；跳高、篮球运动员因反复起跳所致的髌尖末端病等。

4. 神经组织损伤

包括脑、脊髓和周围神经的损伤。此类损伤的发生率虽不高，但对运动员的运动能力影响甚大，如拳击运动员因大脑反复被击，会导致日后脑功能损害，即“拳击脑”；跳水运动员的脑挫裂伤等。

5. 内脏器官损伤

指因运动所致的心、肺、肝、脾、肾、膀胱、胃肠等内脏器官出现损伤。此类损伤一般为急性损伤，可由运动的原因直接引起，如腰部受撞击致肾脏挫伤；腹部受打击致肝、脾破裂；也可与骨折合并发生，如肋骨骨折致肺脏损伤。

（四）按创伤的程度分类

1. 轻度

指伤后未丧失运动能力，仍能按原计划继续训练的损伤，如擦伤。

2. 中度

丧失运功能力 24 小时以上，受伤后短时间（一般 1~2 周）内不能按原计划训练，要停止或减少活动患部或进行治疗的损伤，如肌肉拉伤。

3. 重度

伤后较长时间完全不能训练，或需要住院进行治疗的损伤，如骨折。

二、运动创伤的流行病学规律

迄今为止，我国进行过两次较大型的竞技运动员运动创伤的流行病学调查总结：分别是1965年曲绵域的对2725例运动创伤就诊病历的分析和1990~1998年任玉衡、田得祥等对6810名优秀运动员进行的运动创伤流行病学调查。对于学校体育也有较多的运动创伤调查分析，但国内对于群众体育损伤的流行病学调查很少。总体上，运动创伤多数是发生在四肢的闭合性软组织损伤，程度一般较轻；重度损伤，开放性损伤，躯干、头颅及内脏器官的损伤较少；运动创伤的好发部位和性质常与运动专项的技术特点和解剖特征有关。现将运动创伤的流行病学规律进行如下归纳。

（一）运动创伤发生率

近十年来，全球创伤（含运动创伤）的发生率呈持续增长趋势。据国外统计，意外伤害与休闲体育的运动损伤之比约为6∶1。目前我国尚无对群众性体育中损伤发生率的确切估计。瑞典的一份涉及4.1万人口、为期12个月的损伤调查显示，共有4926人发生损伤，其中933人为运动创伤，年患病率为2.25%；而芬兰的一项调查也显示，全国的490万人口中，每年有9万人发生各种损伤，其中13%~14%为运动损伤。学生运动创伤发生率，据国内进行的1项涉及2553名7~16岁儿童1年期间的伤害调查分析，伤害发生率为38%，其中运动创伤的年患病率为4.7%；大学生运动创伤年患病率，大多调查都显示在20%~30%；而竞技运动员的创伤发生率，据国内近期对5810名运动员的创伤调查，得出年创伤率为59.4%。

（二）运动创伤人群的分布特征

不同年龄、性别和职业的人群，运动损伤的发生率会不同。

1. 年龄分布

运动创伤可发生于任何年龄段，但通常6岁以下儿童的运动损伤发生率很低，但之后会随年龄的增长而增加，到30岁左右的运动创伤率则又开始降低，呈倒“J”形曲线变化。据运动创伤的年龄构成分析显示，10岁以下占3%~4%，10~19岁约占40%，20~29岁约占30%；而且青少年运动创伤多为急性损伤，年龄较大者则多为慢性损伤。

2. 性别分布

不同性别的运动创伤发生率，存在着明显的差异。从儿童至青少年时期，男孩与女孩运动损伤发生率之比约 3∶1。通常男孩的运动创伤发生率会从儿童至青少年时期逐渐增加，至 20~30 岁达高峰；而女孩的运动损伤发生率则在 15 岁左右达高峰。

3. 职业分布

职业运动员运动创伤发生率高于非职业选手，且多为慢性损伤，而非职业运动员则多为急性损伤。就职业运动员而言，不同运动专项损伤发生率不尽相同，损伤特点也各有差异，即使同一运动专项，不同等级的运动员其发病率也不尽相同。通常，专项训练时间较短、运动等级较低者，运动损伤发病率较高，而高水平运动员的损伤发生率相对较低，且多以慢性损伤为主。

（三）运动创伤的气候特征

运动创伤可发生于任何气候中，但据国内调查显示，中小学生损伤多见于 3~4 月份和 10~11 月份。

三、不同运动项目的损伤特征

不同的运动项目，有其各自的专项技术特点，以及对人体运动器官承载负荷有不同要求，因此其损伤也有各自的好发部位和损伤性质。本节主要介绍田径、球类、体操等专项运动的损伤特点。

（一）田径

田径运动包括竞走、跑、跳、投掷和全能等项目。运动员从事的项目不同，创伤的部位和性质也各异。据统计显示，跳高及中长跑运动中的创伤发病率较高，投掷次之。

1. 赛跑和竞走项目

赛跑运动员大、小腿肌肉拉伤和足踝部损伤较为多见。短跑运动员因经常进行足尖跑、碎步跑和后蹬跑，易引起大、小腿后群的肌肉拉伤；中长跑运动中急性损伤虽然较少，但训练中运动量过大或场地过硬时，易发生胫腓骨疲劳性骨膜炎或疲劳性骨折，其次为膝外侧滑囊炎和足踝部腱鞘炎等慢性损伤；超长距离跑和竞走则常见会阴部、尿道口及大腿根部的擦伤和足趾的挤压伤；跨栏运动员除多见大腿后群肌肉拉伤外，坐骨结节末端病、腰肌拉伤、膝踝关节损伤和擦伤也时有发生。

2. 跳跃项目

跳跃项目主要有跳高、跳远（包括三级跳远）和撑竿跳高。与跑步运动相比，上述项目在着地时，下肢所受的冲击力较大，且腰背部的屈伸动作频繁，因而下肢和腰部的损伤比较多见。跳远的助跑由于需要绝对的速度，因而在途中易发生大、小腿肌肉拉伤。此外，在落沙池时，也常见踝关节韧带损伤和足跟挫伤。跳高运动员则多见“跳跃膝”（髌腱末端病）和腰肌的急、慢性损伤。

3. 投掷项目

投掷的铁饼、标枪、铅球、链球等项目，多见上肢和腰、膝部损伤。其中标枪运动对肩、肘、膝、腰等部位的要求较高，当局部负担量过大、技术动作错误时，易引发肘关节的创伤性骨关节病（投掷肘）、肩袖肌或腰肌的拉伤、肘内侧副韧带拉伤等。此外，标枪运动员在助跑末，一腿突然制动，使髌骨与股骨相互摩擦又易引发髌骨软骨病。有调查表明，标枪运动员投掷肘的发生率几乎接近100%，其次是肩袖损伤；铅球运动员持球或用力不当，球会从指尖向后滑出，可引起掌指关节损伤，推手时身体突然倾倒可引起投掷手对侧的腰方肌拉伤；铁饼运动员因常在半蹲位支撑扭转发力，最易引发髌骨软骨病；链球运动员则常见斜方肌拉伤。

（二）球类

1. 篮球

常见软组织挫伤和指、踝、膝关节的损伤。接球时动作错误，或断球时手指过于伸直紧张，易致手指挫伤，严重时可导致掌指或指间关节脱位；身体腾空后落地不稳，易引起踝关节外侧的韧带损伤；运动中膝关节突然扭曲可引起侧副韧带或半月板损伤，反复起跳和半蹲位滑步防守易致髌骨劳损，身体相互猛烈顶撞易发生软组织挫伤或皮肤撕裂伤。

2. 排球

以膝、腰、肩部损伤和扭伤、手指挫伤最为多见。职业运动员以过度训练损伤为多见，其次为陈旧性损伤；初学者在传球技术错误，或球太重、气过足时，常发生手指挫伤和指关节脱位。肩部负荷过重，肩外展、外旋或屈肘过多可引起肩袖损伤和肱二头肌长头肌肌腱腱鞘炎，也常因肩部扣球姿势不正确或过劳，引起肩上神经麻痹，其发生率可高达25%~30%；膝盖经常处于半蹲位起跳和移动体位，易致髌骨软骨病；扣球时间掌握不好，躯干过度后伸，常引起腰肌拉伤和棘间韧带挤压伤；扣球或拦网起跳姿势不正确，或踩在别人脚上，可发生踝关节韧带损伤；倒地扑救引起的擦伤和挫伤也时有发生。

3. 足球

足球运动是急性创伤发生率很高的项目。除一般常见的擦伤和挫伤外，严重的损伤有骨折、脱位、甚至内脏器官的破裂。运动员争顶头球误撞，常引起头面部挫裂伤、鼻出血、甚至脑震荡；相互踢撞，或疾跑中被对方绊倒，可引起胫骨创伤性骨膜炎，大、小腿肌肉挫伤，严重时可致使肌肉断裂或引起胫腓骨或髌骨骨折；足外侧踢球易伤踝距腓前韧带，足内侧前缘踢球或相互对脚常伤及膝关节内侧副韧带、半月板及前十字韧带；守门员扑球跌倒，可发生腕舟状骨骨折，肩、肘关节脱位。足踝部长期负荷过重，易致踝关节创伤性骨关节病，又称“足球踝”，其发生率在专业运动员中约占90%。

4. 乒乓球、羽毛球

该项运动的创伤发生率相对较低，损伤部位以腰、膝、肩、肘、手腕为多见，且多为慢性损伤。腰部的反复扭转屈伸易引发腰肌劳损（或筋膜炎）、腰椎间盘突出及腰椎椎弓崩裂、滑脱等；反手击球或反拍削球练习过多可发生肱骨外上髁炎；肩外展大力扣杀练习过多，可引起肩过度外展症候群；运动中经常做跳跃扣杀、弓步救球及快速屈膝等动作，会引起膝关节创伤性滑膜炎以及髌骨劳损。

5. 棒球、垒球

该项运动中的投手，由于反复举肩外展或绕环投球，易发生肩袖损伤、肱二头肌长头肌腱腱鞘炎及肩胛上神经损伤。运动员经常相互传接球，除易发生上述损伤外，肱骨内、外上髁炎和肘关节创伤性骨关节病也时常发生；运动员强力击球或跑垒跌倒手撑地，可致肱骨小头骨折；脚滑垒时易伤及踝关节内、外侧副韧带，严重时甚至可合并发生内、外踝骨折。

6. 高尔夫球

高尔夫球是一项危险性相对较低的运动项目，绝大多数损伤是由于反复挥杆击球所致的劳损以及技术动作错误所致的损伤，以肘、腰、手腕、肩及膝部损伤多见，其中男性以下腰痛为多见，而女性以肘部损伤为多见。初学者挥杆击球时常因杆触碰地面，此时非主导手前臂旋前，冲击力上传致肘，如此反复则易引起该肘肱骨内上髁炎，又称“高尔夫球肘”；长时间握杆击球可引起桡骨茎突腱鞘炎和屈指肌腱腱鞘炎。由于从事高尔夫运动的多为中老年，本身已发生骨质疏松症，运动中挥杆会引起肋间肌反复收缩，亦可引起肋骨的疲劳性骨折。

7. 保龄球

保龄球运动规则较简单，负荷量也较小，损伤机会较少。常见损伤为拇指指神经损伤，又称“保龄球拇指”，主要是因投球时反复摩擦所引起的拇指尺侧指神经创伤性神经瘤；运动员助走结束急停时，前半身惯性向前，会使膝关节过度伸展，伤及滑膜、十字韧带或半月板；球出手的瞬间，一侧下肢呈弓步，身体易失去平衡，会导致踝关节外翻，发生踝关节内侧副韧带损伤。

（三）武术

武术运动是我国传统的体育项目，在我国民间有着十分广泛的群众运动基础，是国内正式体育比赛的运动项目之一。武术运动以过度使用导致的损伤最为多见。其中武术中的虚步、弓箭步、马步等动作，经常使膝关节处于半蹲位，易致髌骨软骨病；而后踢腿、腾空转体、旋子等动作常因腰部负荷增重致腰肌劳损；准备活动不足，或正压腿、正踢腿和劈叉时用力过猛，易引起肌肉拉伤，尤其是大腿后群肌和股内收肌的拉伤。

（四）举重

举重运动常见腰、膝、腕、肩、肘部的损伤。职业运动员以劳损较为多见，共分为陈旧性损伤和急性损伤。抓举、挺举时提铃翻腕，因前臂肌力不足可引起肱骨内上踝肌腱撕裂或撕脱性骨折；抓举时腰部突然背伸，常引起腰肌拉伤、棘间韧带挤压伤或椎板骨折；经常下蹲、起立和膝不当地内收可引起髌骨软骨病；举杠铃时用力不当，使杠铃与胸壁碰撞，可导致胸部挫伤。

（五）柔道、摔跤

柔道、摔跤是集灵敏性、爆发力、技巧于一体的格斗类项目。职业运动员损伤以急性转慢性伤为主，多发部位依次为膝、腰、肩、踝、肘。运动过程中由于腰部反复扭转易引发腰肌肌肉筋膜炎、腰椎间盘突出；运动员徒手相搏，身体相互接触，在采用技巧用力摔倒或压倒对方时，容易发生肩、肘关节脱位；摔倒时手臂前伸着地可致腕舟状骨骨折；训练或比赛中腕关节超强度用力，可引起月骨无菌性坏死；指、腕、肘、膝和踝关节异常扭曲或静止性用力，常引起上述关节侧副韧带的损伤以及膝关节半月板损伤。

（六）水上项目

水上项目中的游泳、跳水、水球、花泳等运动，创伤的发生率相对较低。常见发生损伤的部位依次为腰、膝、肩和肘，损伤性质以慢性劳损最为多见。初学游泳者易发生的严重危害是溺水。

水上项目中的划船运动，是一种以赛艇、皮划艇为载体，运动员双手抡桨划动，使船艇前进的运动项目。该专项技术要求运动员在拉桨时既要有力度，同时又要兼备绝对的速度和耐力，因而对运动员腰部和下肢的肌肉力量要求较高。其运动创伤的发生以慢性劳损为主，其中以腰部的急性扭伤、腰肌劳损及腰椎间盘突出最为多见，膝部和小腿的损伤次之。有关调查表明，赛艇运动员腰伤的发病率高于皮划艇运动员、女运动员高于男运动员，轻量级高于重量级。

（七）自行车

无论场地或公路自行车运动，常见的急性损伤有擦伤、裂伤、脑震荡、锁骨骨折及肩锁关节脱位。常因骑行时“尾随挡风”，致使运动员因相互距离太近而被撞倒，或因场地不平，公路上车辆、行人太多，使车辆颠簸或被撞。此外，车的质量不好，如脱胎、掉链、断把等，也可能在运动中发生意外而导致急性损伤。慢性损伤常见的有腰肌劳损、尺神经麻痹（手豆骨部在车把上压迫过久）、腓神经麻痹等，多因运动中身体长期固定于一种特定的姿势体位，以及车座大小、高低不适宜，或座、把间距调适小；女运动员因长期骑行，可引起一侧或两侧的大阴唇水肿，或会阴部的擦伤；而颈部长时间处于屈曲的姿势，会使颈项部的肌肉和韧带过度疲劳，再加颈椎长期的运动力线改变和正常生理曲线的变化等原因，久而久之可引起颈椎病和颈椎间盘损伤。

第四节　运动损伤的防治及其处理方法

一、常见的轻度运动损伤急救与处理

（一）常见轻度运动损伤

大多数常见的运动损伤不需要专家的帮助也能治愈。

在运动中，身体任何一部位都有受伤的可能，也许是因为直接受到重击、也许是因为过度拉伸、也许是因为某特定部位的反复运动。

大约80%的运动损伤是软组织受损，例如肌肉、肌腱、韧带和关节，只有大约20%是骨折或内伤。常见的有肌肉拉伤、关节韧带扭伤、肌肉挫伤等。

1. 肌肉拉伤

肌肉拉伤是在外力直接或间接的作用下，肌肉过度主动收缩或被动拉长所引起的损伤。肌肉拉伤在大学生体育运动损伤中占有较大的比例。

（1）肌肉拉伤的诊断。肌肉拉伤受伤部位的表现是发硬和疼痛，用手触摸、用力收缩或被动拉长时疼痛加剧，此症状为轻度拉伤；受伤部位有较高数量的肌纤维断裂，感到像刀割一样的疼痛，属中度拉伤；受伤者当时就听到或感到有断裂声，局部明显肿胀，皮下淤血严重，肌肉功能出现严重障碍，基本上不能再活动，则属重度肌肉拉伤。

（2）肌肉拉伤的处理方法。肌肉轻度拉伤或伴有部分肌纤维撕裂，首先应进行冷敷，局部加压包扎。冷敷方法可采用冷水浸泡或冷毛巾敷，如有条件也可用氯乙烷喷射受伤部位。休息时应尽量抬高受伤部位，疼重者可服用止疼药。在损伤 24~48 小时后，可采用理疗、热敷、按摩或药物治疗的方法。肌肉大部分或完全断裂者，在加压包扎后，应立即送往医院治疗；受伤后，为防止肌肉萎缩，应进行功能恢复性锻炼，锻炼时的负荷力度应掌握好，切忌因强力而再次造成损伤。

2. 关节韧带扭伤

关节韧带扭伤主要是由间接外力的作用，使关节活动超出正常的生理范围而造成的一种闭合性运动损伤。根据作用力大小的不同，能造成关节韧带单纯扭伤、部分撕裂或完全断裂，有些还可并发骨折及半月板损伤。在大学生体育锻炼中，最常见的是踝关节、膝关节、腕关节扭伤，其次是掌指、腰等关节的韧带扭伤。

（1）关节韧带扭伤的症状。受伤后局部疼痛、肿胀，肌肉主动收缩时疼痛加剧，有皮下出血者可见青紫区；伤及关节滑膜或韧带断裂时，则关节发生肿胀，局部压痛，牵引受伤的韧带时疼痛感觉加重；韧带完全撕裂时，关节有不稳或松动感，关节功能明显出现障碍。

（2）关节韧带扭伤的处理。关节扭伤后若处理不当，或过早地进行活动，会使急性损伤变成慢性损伤，产生关节囊增生、关节肿大、经常疼痛。因此，受伤后应及时采用正确的方法进行处理。关节韧带扭伤或部分韧带纤维断裂者，可按软组织损伤处理，伤后即刻冷敷，加压包扎，抬高伤肢并休息，此种方法有止血、止痛及防止或减轻肿胀的作用；于2天之后，拆除包扎固定。根据伤情，可采取中药外敷、痛点药物注射、针灸、按摩等方法。对于伤情较重及韧带完全撕裂者，经急救处理后应立即送往医院治疗。

3. 肌肉挫伤

肌肉挫伤主要是由于外力直接打击身体的某个部位而造成的运动损伤。

（1）肌肉挫伤的症状。挫伤的一般征象有疼痛、内出血和肿胀。因出血程度和深浅不同有着不同的征象，如皮肤本身出血成淤点，皮内及皮下出血成淤斑，皮下组织中出现局部性血肿。大多数伤后出血可由自身逐渐吸收消散，少数病例有继发感染化脓的情况；肌肉挫伤可继发骨化肌炎；严重挫伤时会妨碍血液循环，可引起局部肌肉缺血性挛缩，早期症状是肢体末端青紫、肿胀、麻木、发凉，出现运动障碍。

（2）肌肉挫伤的处理。运动者在进行运动锻炼时一旦出现肌肉挫伤的状况，要第一时间采用冷敷和加压包扎的方法以便及时止血，损伤超过48小时以后即可采取理疗、热敷、按摩等手段进行康复治疗。根据伤者的实际情况可先卧床休息，必要时抬高患肢进行缓解；假如患者疼痛难忍，可临时采用注射和口服止痛药的方法进行止痛。

内脏器官出现挫伤状况时，伤者如出现休克现象，应首先让伤员平卧或侧卧方便溢出呕吐物，以免引起二次窒息；对于休克的伤员还要给其加盖大衣或者棉被注意及时保暖；除了现场急救措施要到位，还要迅速组织人员护送伤员至就近医院接受专业救治。

（二）运动损伤后的治疗

1. 按摩

运动后常见的恢复方法就是按摩，但是运动者进行不适当的运动项目而造成损伤后，不可立即进行按摩，一定要在损伤48小时后，再采用按摩的方法进行恢复。此法主要是为了消除肌肉痉挛，促使血液正常流经受伤的肌肉组织，以缓解运动疲劳。

2. 运动

伤者在康复初期即使采用了最合理、最正确的康复措施，想要彻底地恢复运动损伤还是需要好几周的时间。经过治疗，如果伤者的症状不见缓解，依然出现僵硬、红肿、持续疼痛的状况，一定要及时地找运动医学专家进行进一步的诊治。对于处在恢复初期的伤者，采用水疗方法恢复健康也是不错的选择，水中的浮力可以适当地减轻地心引力对伤者的患部的作用，减轻疼痛，失误率很低；同时还有助于伤者进行自主恢复运动或者来自按摩师的被动恢复运动。

3. 物理疗法

通常，对于大部分运动损伤的伤者来讲，单纯的休息根本解决不了伤病问题。根据损伤的情况适时地采用运动理疗综合法进行恢复治疗，可以快速地减轻疼痛感、控制损伤处的发炎组织、缓解肌肉损伤、加快运动损伤的恢复。

4. 激光疗法

低密度的激光光束可以减轻疼痛、消炎和消肿，有助于治愈受伤的组织。它可促进血液流通，减少前列腺素的产生。前列腺素是一种运动受伤后会引起疼痛和炎症的化学物质。

使用前应先用消过毒的棉花清理皮肤表层的油脂，以增强激光的穿透力；然后把探针轻轻地放在受伤处，以便激光可以集中射入受伤部位；为了避免激光伤及眼部，应戴上护目镜。

5. 热处理

热水袋、远红外线灯、短波电热器及其他任何形式的热源器都可以用来缓解肌肉痉挛、减轻疼痛、促进血液流过受伤部位。但受伤之后2天才能使用该疗法，因为血管需要时间愈合，否则会加剧出血或红肿。

6. 超声波

电流通过一块晶体而产生的高频声波可用来治疗许多形式的运动损伤。通过超声波可消炎、促进血液循环，止痛、消肿，快速治愈患处；可把乳胶涂抹在患处增强传导率，还要经常移动超声波仪器以免过热而烫伤皮肤。

7. 非类固醇药物

非类固醇消炎药经常用来治疗意外伤痛。临床研究表明，这类药物比其他的止痛药更能有效地减轻疼痛。非类固醇消炎药的代表是阿司匹林和布洛芬。这类药可以阻止引起疼痛和炎症的前列腺素的产生。由于一受伤就能产生前列腺素，所以伤后应尽快服用，服用越快、疗效越好。

8. 电波干扰处理

这种电疗法是通过两种电流触及受伤组织，用吸盘把 2 根或 4 根电极棒固定在皮肤上。两种电流互相产生的干扰可以缓解疼痛及肌肉痉挛。这种疗法有助于消肿、消炎，促进血液循环，快速治愈患处。

9. 类固醇注射

受伤处炎症不消、疼痛不除，就可能要注射可的松。注射前，应先对皮肤表面进行消毒，局部麻醉。通常麻醉药和类固醇可以用同一个针筒注射。

注射类固醇以后，至少需要休息 2 天，麻醉消退后，疼痛会稍有增加。一般说来，类固醇要 5 天以后才能完全见效，然后需再补打一针。

（三）损伤后的康复运动与恢复

1. 损伤后的康复运动

疼痛和红肿减轻，移动伤部不会使疼痛加剧时，便可以做一些轻微的运动。如伤部进一步好转，可增大运动范围、增加重复次数以及运动时间。同时医生或理疗师会建议你做如下的康复运动。

（1）恢复灵活和柔韧性的伸展运动。

（2）恢复患部肌肉力量的增强运动。

（3）恢复平衡与协调的运动。

（4）恢复体能的健身运动。

2. 掌握恢复期

重新开始日常活动前能完成下列的测试，就可以恢复日常训练。

（1）伤部可自由移动而不引起疼痛和僵硬。

（2）伸拉周围肌肉而无痛感。

（3）平衡和协调能力恢复正常。

（4）做阻拦运动时不疼痛。

（5）运动时或运动后不疼痛，不僵硬，不红肿。

二、常见的严重运动损伤急救与处理

运动创伤中的各种正确姿势与伤患者的适应症状，如表 8-1 所示。

表 8-1 各种正确姿势与伤患者的适应症状

姿势名称	适应症状
1. 平躺，仰卧	（1）检查时的最佳姿势 （2）做心外按摩时的姿势 （3）严重的头部外伤及颅骨骨折时的姿势
2. 平躺，头肩部微垫高	（1）中风，但未完全失去知觉的患者，且无嘴角歪斜、有分泌物流出的情况 （2）中暑（但未丧失意识者） （3）头部外伤流血（但未丧失意识者）
3. 平躺，头肩部垫高，屈膝	（1）腹部疼痛 （2）腹部严重创伤时（横伤——屈膝，直伤——腿伸直）
4. 平躺，脚抬高	（1）中暑衰竭 （2）晕倒、休克 （3）下肢骨折或创伤时，固定后尽早抬高患肢
5. 半坐卧	呼吸困难的患者（例如：心脏病发作、胸部受伤时）
6. 侧卧	（1）意识不清的患者（但无脊柱骨折的患者） （2）患者意识清醒，但口腔内有分泌物流出
7. 复苏姿势	（1）患者脊椎未受损伤，但意识不清或昏迷时 （2）严重中风，患者已丧失意识时，肢体瘫痪的一侧在下

注：5、6、7 三种姿势皆在伤患无呼吸困难及未丧失意识的情况下使用。

三、运动创伤现场急救

因运动创伤而引起的出血常有发生。开放性损伤所致的出血一般较容易判断，而闭合性损伤所致的内出血，尤其是体腔内出血，则容易被忽视。当急性出血达到总血量的20%时，伤员会出现头晕、口渴、面色苍白、心慌、气促、全身乏力等一系列急性贫血的症状；当出血量达到全血总量的25%~30%时，就会发生休克进而危及生命。另外，在运动现场发生的难以控制的出血，还会给伤员本人及其围观者带来不良的心理影响。因此，运动中一旦发生出血，应立即在现场采取有效的止血措施。

（一）出血的分类

血液从损伤的血管或心脏流出现象称为出血。按出血部位可分为外出血和内出血。外出血是指血液从伤口处流向体外的出血，这种出血比较直观，出血量也较容易估计；内出血是指体表没有伤口，血液从损伤的血管流向组织间隙（如皮下组织、肌肉间隙等）、体腔（如颅腔、胸腔、腹腔等）或管腔（如呼吸道、消化道等）的出血，这种出血不易被发现，若处理不及时，易发展成大量的内出血，引起失血性休克，甚至导致死亡。

按受损的血管不同，出血又分为动脉出血、静脉出血、毛细血管出血和混合出血。动脉出血的血色鲜红，常见呈喷泉状、间歇性地从伤口射出。由于动脉出血的流速快、流量大，若为大动脉出血，止血不及时可迅速引起死亡。静脉出血的血色暗红，呈持续性从伤口涌出，其出血速度虽相对较缓慢，但大的静脉血管出血（如大隐静脉、颈静脉等），如若不及时止血，仍会有生命危险。毛细血管出血多见于皮肤表层擦伤，呈点状渗出，正常人一般可自行止血。因运动损伤引起的出血，少有单一血管的出血，多为动、静脉混合性出血。

（二）止血的方法

轻微出血的处理方法：用清水及肥皂，彻底洗净急救员的双手。用普通中性肥皂及凉开水或自来水、生理食盐水等以伤口为中心，呈环形向四周冲洗，彻底洗净伤口。必要时可用消毒纱布块或干净布块覆盖保护伤口，然后用绷带包扎或用胶布固定。如果伤口已有感染症状时（局部的症状如肿胀、发红、疼痛、化脓、发热，全身的症状如发烧、淋巴结肿大等），应即刻到医院进行治疗，预防破伤风的感染。

严重出血时应立刻设法止血，预防休克。首先应使患者静卧，将出血部位抬高，露出伤口；伤口的血液凝块不要除去，覆盖伤口可预防污染。患者清醒时，可给饮料等以供身体所需的液体。但出现呕吐的创伤者、头部及胸腹有严重创伤的伤者、需手术的患者和昏迷不醒的伤者，不可给予饮料。

如果伤口内有异物或突出的断骨，应先用无菌纱布盖住伤口，以较大的环形垫置于伤口四周，以便止血。若有断肢，应立即找到，并以无菌纱布包裹，置塑胶袋内，于塑胶袋外放冰块（温度保持 4 摄氏度），随同病人送往医院缝合。还要随时观察及记录伤患的呼吸、脉搏、肤色、体温及意识状况，并报告给医生。尽快将伤患送往医院，最好能在伤后 6~8 小时以内送往医院进行治疗。

1. 直接加压止血法

此方法是指直接用手或在用敷料覆盖后再用手压迫出血部位的止血方法，止血效果直观，是一种快速有效的现场止血法。但面积大的损伤，难以止血。开放性损伤，最好用消毒纱巾覆盖伤口后使用此法，否则容易引起伤口的感染。直接加压止血法，如图 8-4 所示。

图 8-4　直接加压止血法

2. 间接指压法

此方法是指用手指将身体浅部的动脉压在相应的骨面，暂时中断血流，以止住该动脉供血部位出血的止血方法。此法适用于动脉出血时的急救。

（1）额颞部出血：在耳屏前方用拇指摸到颞浅动脉的搏动后，将该动脉压向颞骨骨面，如图 8-5 所示。额部血管交通支较多，若单侧压迫止血效果不好，可同时压迫对侧相应的血管。

（2）面部出血：在下颌角前约 1.5 厘米处用拇指摸到面动脉的搏动后，将该动脉压向下颌骨，如图 8-6 所示。面部血管交通支亦较多，因此采用双侧压迫法止血效果会更好。

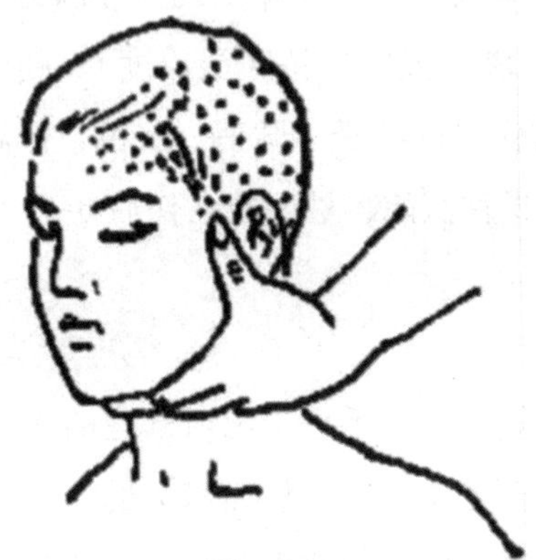

图 8-5　颞浅动脉压迫止血点

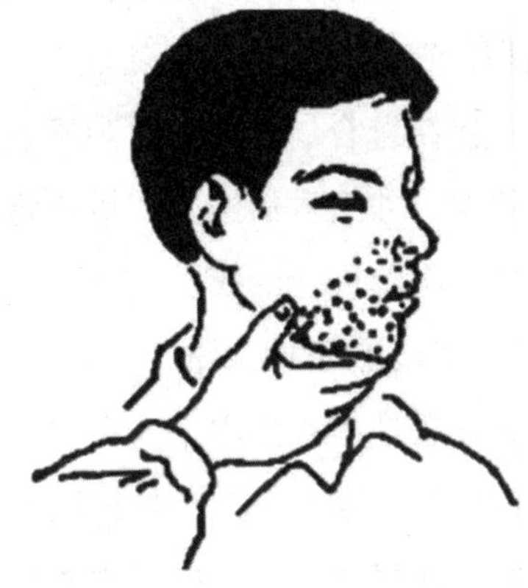

图 8-6　面动脉压迫止血点

（3）肩部、腋窝、上臂出血：在锁骨上方、胸锁乳突肌外缘摸到锁骨下动脉搏动后，将该动脉向下、后、内压向第一肋骨，如图 8-7 所示。

（4）前臂出血：在肱二头肌内缘中点摸到肱动脉搏动后，将该动脉压向肱骨干，如图 8-8 所示。

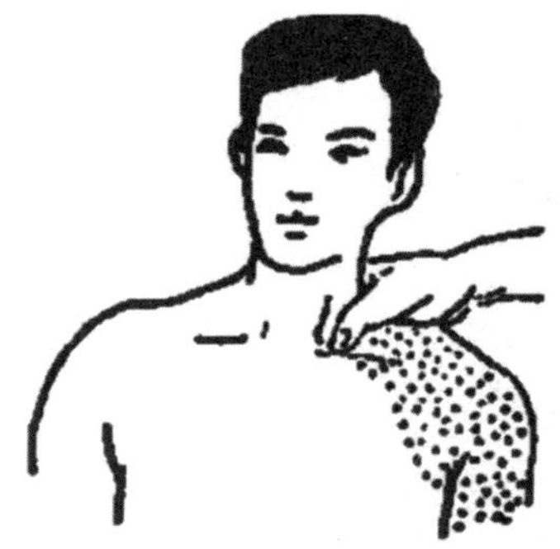

图 8-7　锁骨下动脉压迫止血点

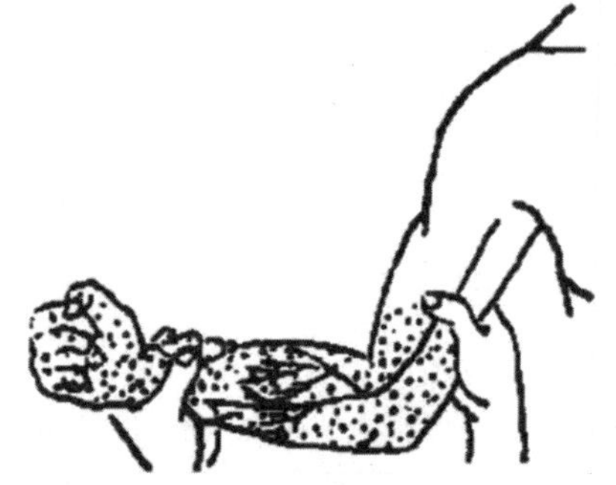

图 8-8　肱动脉压迫止血点

（5）手指出血：在第一指骨根部两侧摸到指动脉搏动后，将该动脉压向第一指骨，如图 8-9 所示。

（6）大、小腿出血：在腹股沟中点摸到股动脉的搏动后，用双拇指、掌跟或拳将该动脉压向耻骨上支，如图 8-10 所示。

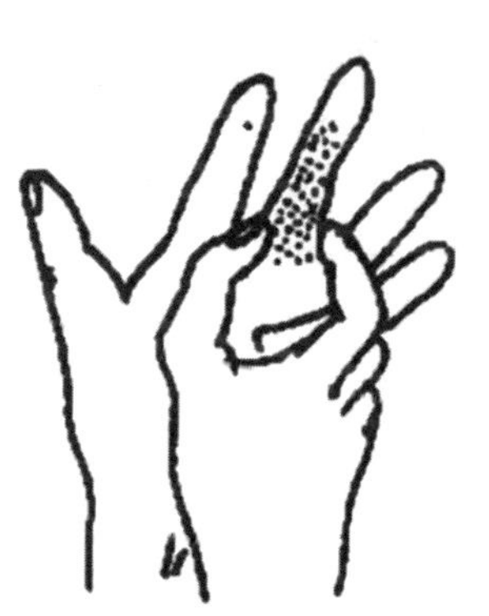

图 8-9　指动脉压迫止血点

图 8-10　股动脉压迫止血点

（7）足背出血：在足背横纹中点的上方摸到胫前动脉搏动后，将该动脉压向胫骨远端；若摸不到此动脉搏动，也可在足背摸到足背动脉将其压向距骨。

（8）足底出血：在内踝与跟骨之间摸到胫动脉搏动后，将该动脉压向跟骨，如图 8-11 所示。

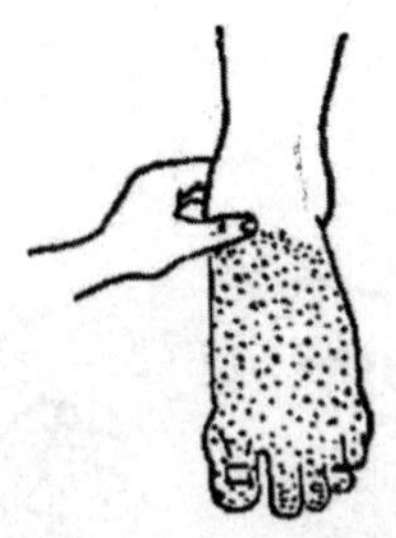

图 8-11　胫前动脉、胫后动脉压迫止血点

3. 加压包扎法

是指在对出血部位施加一定压力的情况下进行包扎的方法。此法简单、有效，是急性闭合性软组织损伤最常用的一种止血方法。但注意在出现外出血时，应先对伤口作必要的消毒，或用消毒敷料覆盖后，再用绷带进行加压包扎，如图 8-12 所示。

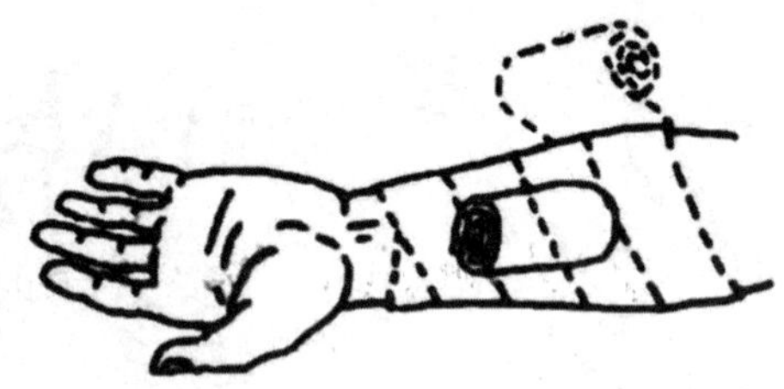

图 8-12　加压包扎止血法

4. 止血点止血法

用手指或手掌压住伤口近心端骨面上的血管，可减少流血量，同时在伤口的正上面，仍采用直接加压法止血。常用的四肢止血点为：肱动脉、股动脉，如图 8-13、图 8-14 所示。

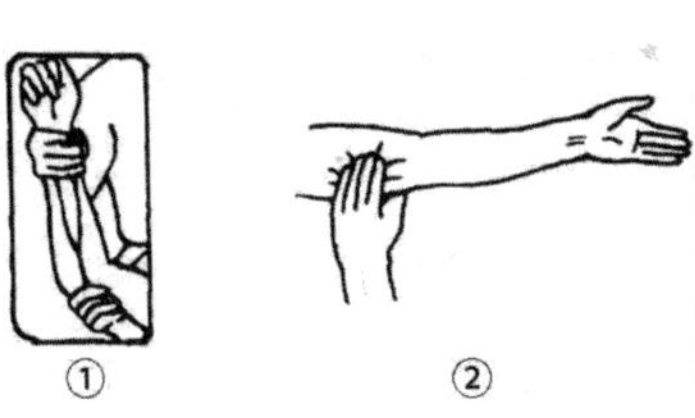

图 8-13　肱动脉止血点止血法

①

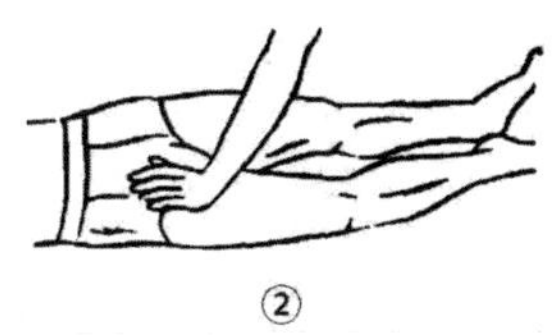

②

图 8-14　股动脉止血点止血法

5. 止血带止血法

是指用止血带对出血伤口近心端的肢体进行捆扎的止血方法。常用的止血带有橡胶管、橡皮带及充气止血带等。急救时如无现成的止血带，也可用布条、尼龙长丝袜等替代。此法止血效果虽好，但易造成远端肢体的缺血性坏死，因此只能在采用其他方法无法止住的严重出血时才可使用。上止血带时，止血带与皮肤之间应垫有毛巾或衣物，以免直接捆绑造成局部皮肤的损伤。捆扎的压力应恰当，过松达不到止血效果，过紧易导致远端肢体的缺血性坏死，一般可通过观察远端肢体颜色的变化加以判断：若上止血带后，肢体呈腊白色则表示压力恰当；如果呈紫红色则表示压力不当，需要重新捆扎。上止血带后应定期松绑，一般上肢每隔 10 分钟、下肢每隔 20 分钟放开止血带一次，以避免发生肢体坏死。远途运送病人时，应在止血带上标明捆绑的时间，以方便护送人员途中松绑。

当四肢动脉大出血时，采用其他方法不能止血并且危及生命时，才可使用止血带，如图 8-15 所示。因止血带易造成肢体残废，故使用时要特别小心。

止血带可用三角巾、领带、长袜等代替，切忌使用细绳类，以免伤及皮肤和内层组织（止血带的宽度约为 5 厘米）。止血带要放在伤口上方（近心端处），若伤口靠近关节，则置放在关节上方稍远处。使用止血带后，应即刻将伤者送往医院，除非有医生指示或已送达医院，否则不能松开止血带。用止血带的部位，要露在外面，并标明使用止血带的时间、部位；随时观察伤处和伤者的生命迹象。

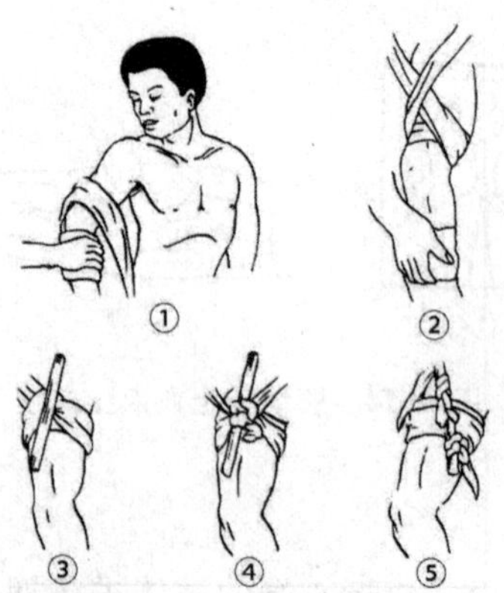

图 8-15　止血带止血法

6. 鼻出血止血法

鼻出血在体育运动如柔道、摔跤、散打、拳击和部分球类运动当中经常出现，造成的原因是激烈对抗时的外力所致。具体止血方法如下：

（1）保持患者安静坐下，将头部稍微往前倾（因为走动、谈话、发笑或擤鼻子都可能加剧流鼻血或使已经停止的流血继续流）。

（2）以拇指或食指压下鼻甲 5~10 分钟，或采用纱布等加压止血，如图 8-16 所示。

（3）松开衣领，令患者张口呼吸。

（4）于额部、鼻部冷敷。

（5）如短时间内无法止血，应送往医院。

（6）若怀疑因高血压或颅底骨折引起鼻出血，应立即送医院。

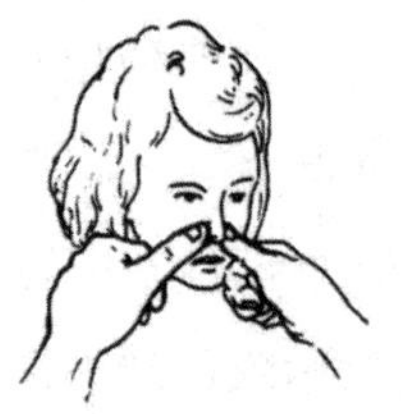

（a）两手拇指加压止血

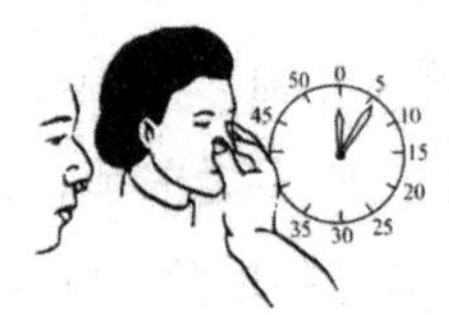

（b）轻塞纱布，加压止血

图 8-16　鼻出血止血法

7. 内出血止血法

隐藏体内出血：如颅内出血、肠胃出血流入腹腔等。

后来显现出内出血：如血液自耳或鼻道、阴道流出，自嘴流出，自肺部咳出。

（1）急救的目的是使病人立即获得医疗，并防止病人休克。

（2）不可由口给予任何饮料或食物。

（3）使伤患者完全休息，松开颈部、胸部、腰部束缚过紧的衣服。

（4）按出血部位的不同，采取适当的姿势。

（5）继续小心观察患者的意识、呼吸、脉搏、体温等生命迹象。

8. 冷敷止血法

冰袋外敷或冷雾剂喷雾，常用于浅表部位闭合性软组织损伤的止血。通常与加压包扎同时使用，如图 8-17 所示。

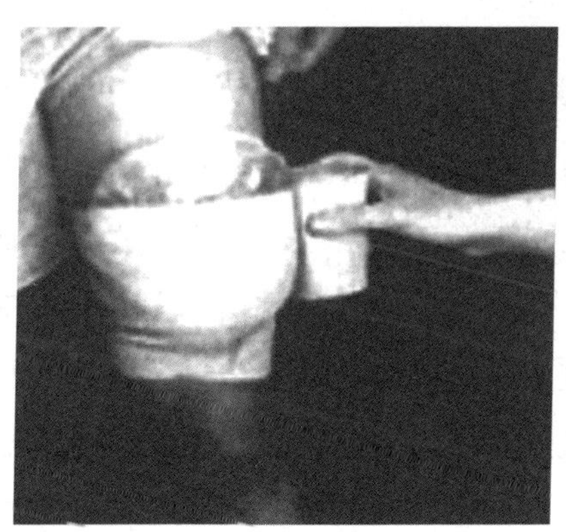

图 8-17　冰袋外敷止血法

9. 填充止血法

是指用消毒棉球或纱布垫填充伤部的压迫止血方法，常用于鼻部外伤所引起的出血。使用前若先用 0.1%的肾上腺素浸湿后再行充填，止血效果会更好；另外注意填充物应塞紧，若充填后止血效果不佳，或因鼻骨骨折引起的出血，应立即送往医院进行处理。

四、心肺复苏术

运动中发生溺水、严重的颅脑损伤、大出血或一些有潜在性心脏病的人在进行剧烈运动时，都有可能出现呼吸和心跳的骤停。人体对缺氧的耐受能力很差，如完全缺氧达到10分钟，人体重要器官在组织学上的死亡将不可逆转；而脑细胞对缺氧尤为敏感，一般脑部停止供血4~6分钟，大脑就会发生严重的损害。故一旦呼吸、心跳骤停，应在运动现场立即施救，以避免全身各组织器官因缺血缺氧而发生永久性的功能损害，甚至死亡。帮助患者恢复自主呼吸和心跳的急救技术称为心肺复苏术。口对口人工呼吸和胸外心脏按压是现场急救呼吸、心跳骤停者最简便而有效的处理措施，它是采用人工的方式维持体内的血液循环和气体交换，以保证人体最基本的血氧供给，为自主呼吸和心跳的恢复或进一步的医疗救治创造必要的条件。

（一）呼吸、心跳骤停的现场判断

运动中发生损伤的病人突然出现昏迷不醒，应立即触摸颈动脉或股动脉，若搏动消失，或同时伴有呼吸停止、瞳孔散大等征象，即可做出心跳骤停的诊断，并应立即进行心肺复苏的急救。用手放在病人的鼻孔前，若没有呼出的气体，或用一根较细的纤毛置于鼻前，见不到摆动，即可判断病人的呼吸停止。虽然心电图检查对心脏骤停的诊断至关重要，但在运动现场实施有一定的困难，所以一旦检查发现大动脉的搏动停止，应当争分夺秒迅速进行抢救，绝不可有丝毫时间上的延误。在实施心肺复苏术的同时，应积极组织运送，或呼叫“120”前来救治。

（二）现场心肺复苏的方法

1. 心肺复苏的步骤

心肺复苏的步骤如图 8-18 所示。

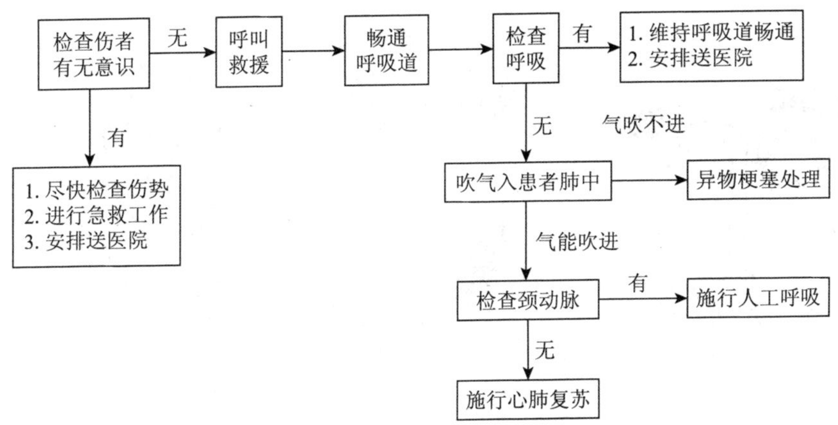

图 8-18　心肺复苏的步骤

心肺复苏的技术示意如图 8-19 所示。

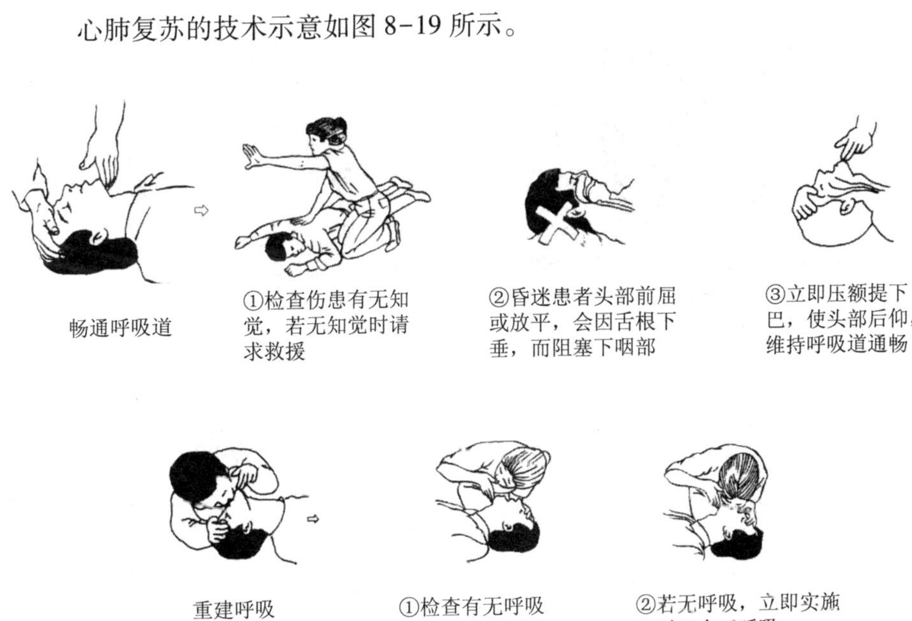

（a）畅通呼吸道，重建呼吸

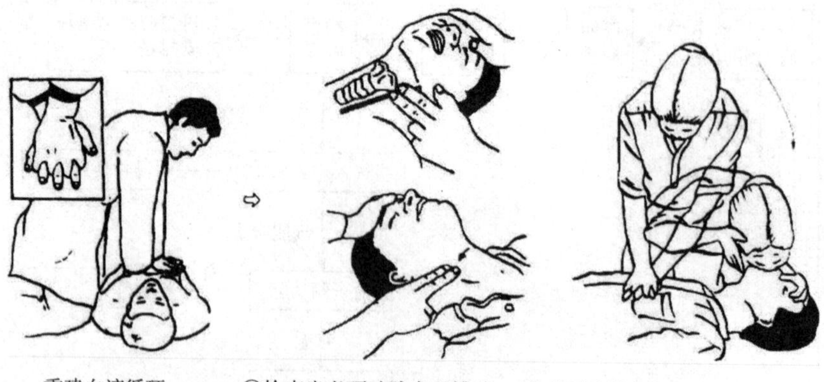

重建血液循环　①检查患者颈动脉有无搏动　②若无脉搏，立即实施心肺复苏行动

（b）重建血液循环

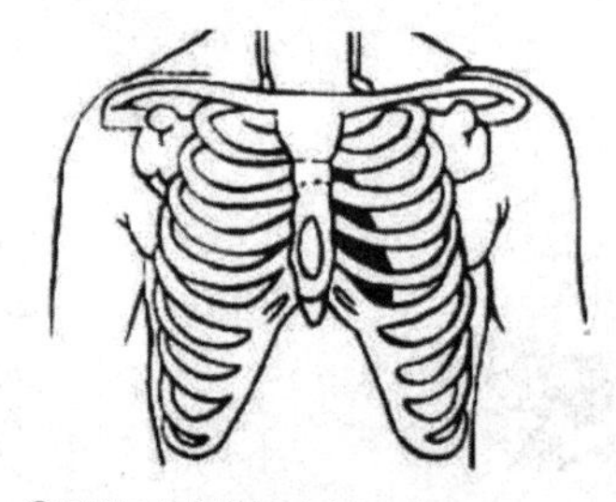

①手的正确位置应放于胸骨的下半段

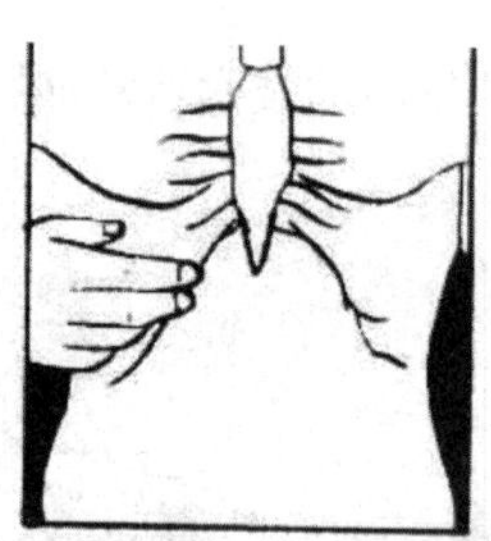

②利用靠近患者腿部的手，找出肋骨框架的下缘

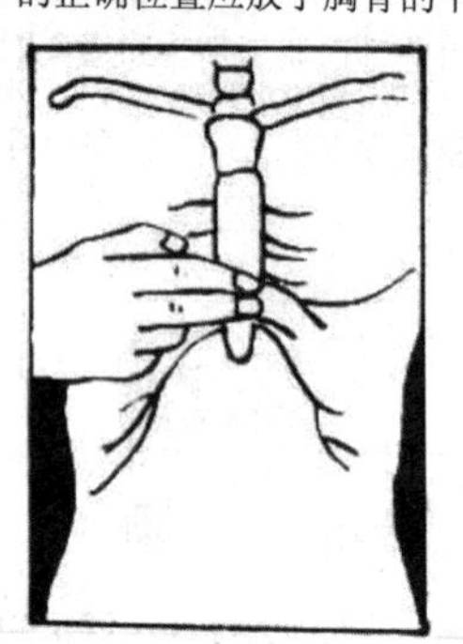

③以食指和中指顺着肋骨框架边缘向上滑行至肋骨和胸骨交接的切迹处，将食指和中指合并，使中指在胸骨底端做定位

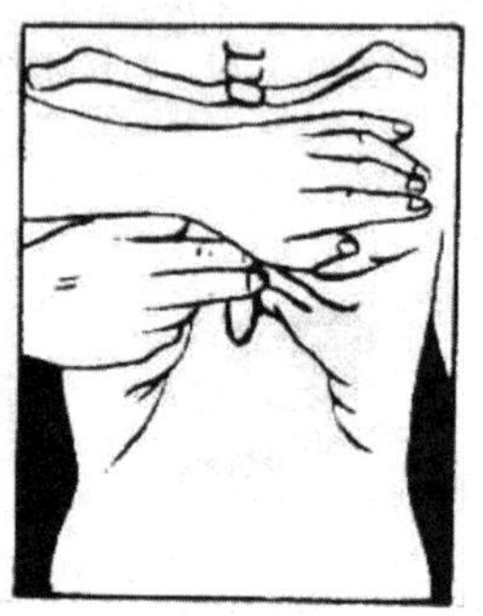

④将另一手掌根平贴食指，置于胸骨上（不可放在剑突）。将定位之手重叠于其上，两手手指向上翘避免触及肋骨

（c）心外按摩的位置

图 8-19　心肺复苏技术示意

（1）检查受伤者有无知觉。轻拍受伤者肩部并大声呼叫他“睁开眼

睛”，如无反应则高声求援并维持伤者呼吸道通畅，利用压额提下巴的方法使呼吸道保持畅通。

（2）检查呼吸3~5秒。耳朵靠近患者口、鼻，听有无呼吸声，眼睛看受伤者胸部有无起伏，脸颊靠近受伤者口、鼻，以感觉患者有无呼吸气息。如受伤者有呼吸则维持其呼吸道通畅并随时观察呼吸状况等候救助；如受伤者没有呼吸则应连续施行人工呼吸，以每次1.5~2秒的时间将空气吹入患者肺中连续2次，吹气时观察胸部是否有起伏并听一听或感觉有无呼吸气息，以确定吹气是否有效，如吹气受阻时，重新对呼吸道进行畅通以后再吹气，吹气仍受阻则实行异物梗塞处理，如图8-19（a）所示。

（3）检查有无脉搏（5~10秒）。将提下巴那双手的食、中指轻放于颈动脉上探测受伤者有无脉搏（5~10秒）。如有脉搏无呼吸则进行人工呼吸，如无脉搏则进行下一步骤。

（4）实施心外按摩。找到正确的心外按摩位置并实施心外按摩，以每分钟80~100次的速率，执行15次的心外按摩，同时口里数着1、2、3……10、11、12、l3、14、15，以数次数来控制速率，念第1个字时下压，第2字时放松，即下压与放松的时间各占一半。心外按摩15次后实施2次人工呼吸，如此人工呼吸与心外按摩循环进行，如表8-2所示。

表8-2　不同年龄受伤者心脏复苏的比较

步　骤	成人（包括大于8岁的小孩）	小孩（小于8岁）
（一）畅通呼吸道，观察有无呼吸3~5秒	头颈部需极度伸展	同成人
（二）吹气入肺	1. 吹气前须深吸一口气； 2. 吹气时嘴巴须紧密罩住患者嘴巴； 3. 最初先吹2口气（1.5~2秒/次）； 4. 人工呼吸速率每5秒钟1次	1. 同成人； 2. 同成人； 3. 同成人； 4. 人工呼吸速率每4秒钟1次
（三）触摸颈动脉（5~10秒）	颈动脉	同成人

续表

步　骤		成人（包括大于8岁的小孩）	小孩（小于8岁）
（四）胸外心脏按压	1. 位置	胸骨下半段，胸骨切迹上二横指	同成人
	2. 深度	4~5厘米	2.5~3.5厘米
	3. 手法	两手互扣，其中一手的手掌根与胸骨接触	仅用一手的掌根
	4. 力量	80~120磅	20~25磅
	5. 速率	80~100次/分（15∶2）	100次/分（5∶1）

（5）进行口对口人工呼吸。成人每5秒钟1次（1分钟12次），小孩每4秒钟1次（1分钟15次）。在患者恢复自主呼吸前，要持续吹，绝不放弃救助，直至医生到达现场（很多人经过几小时的人工呼吸，才能复苏）。口对口人工呼吸的禁忌：①口腔有严重受伤；②口唇周围有灼伤；③下颌骨折；④传染病；⑤口唇残留毒物。

2. 注意事项

在给伤者进行心肺功能复苏时，不可以断断续续、时进时停，一旦开始救助就要连续进行，即使是在送医的途中也不可中断救治，直至伤员恢复自主呼吸和心跳正常，或者确定伤员救治无效。在进行胸外心脏按压时，应掌握适宜的按压节奏，着力点应始终保持在胸骨上，手臂勿左右摆动，肘关节不能屈伸，按压力度应适中，下压时既要有一定的冲击力，又不能用力过大、过猛，以免引起肋骨或肋软骨骨折。

（三）复苏效果的判断

复苏有效，患者的口唇、甲床转为红润，扩散的瞳孔逐渐缩小，最终恢复自主心跳、呼吸恢复，神志清醒，意识清晰。复苏失败，患者死亡，则出现呼吸停止、心跳停止、瞳孔扩大、对光反射和角膜反射消失。若只出现以上征象中的1个或2个，被称为“假死”，表示患者经抢救，仍有生还的可能。倘若四个征象同时出现，或用手捏眼球无任何反应，则为“真死”，此时才可放弃急救。为慎重起见，一般对死亡确切的判断应由专业人员做出。

五、休克及其现场处理

休克是指人体遭受体内外各种强烈有害因素刺激后所发生的严重全身性综合征，如不及时纠正，会导致死亡的发生。在运动损伤中，一旦发现有发生休克的可能时，要积极预防；如已发生休克，则应立即积极进行抢救。

（一）休克的常见原因和机制

失血、脱水、大量血浆渗出使血容量急剧减少、严重感染、中毒、过敏、创伤和心血管疾病等多种原因，都会导致休克的发生。运动创伤所致的休克多因大失血和剧烈疼痛引起。休克在临床上以急性周围循环衰竭为特征，有效循环血量锐减是该综合征中的主要矛盾。由于有效循环血量呈绝对或相对地显著减少，导致微循环灌注不足，会使全身各组织器官出现缺血缺氧现象，最终使机体出现一系列代谢紊乱和功能障碍问题，严重者甚至可引起死亡。无论何种休克，发展到一定程度，其临床表现、病理生理过程和预后都是一致的。与运动创伤密切相关的休克有下列两种。

1. 失血性休克

急剧的大量出血，是运动损伤后发生休克的常见原因。严重的软组织挫伤，如肝、脾破裂，多发性骨折，骨盆骨折或股骨干骨折，或骨折后合并大血管损伤等，这些通常都伴有较多的失血。一个正常的健康的成人，每公斤体重平均血量约为75毫升（肌肉发达的运动员约90毫升），总血量约4000~5000毫升。当一次急性失血量不超过总血量的1/4（约1000毫升）时，机体可通过神经体液的调节和代偿机制，将血压维持在基本正常的水平；如果出血量达全身血液总量1/3（1500毫升）或以上，机体代偿失衡、有效循环血量骤减，就会导致微循环灌注严重不足而发生休克。

2. 创伤性休克

严重创伤除引起大量的失血外，还会发生剧烈的疼痛，这一强烈的痛觉刺激传至大脑皮层，可反射性地引起中枢抑制，致使血管广泛扩张，大量血液淤滞在扩张了的周围血管，使有效循环血量相对不足，从而引起全身各组织器官缺血缺氧，引发休克。脊柱骨折可引起脊髓损伤，后者可阻断血管运动中枢与周围血管之间的联系，从而使血管扩张，亦可致使有效循环血量骤减，引起休克。

如果在发生休克的同时，会伴有呼吸道梗阻、循环机能障碍、组织大量坏死、长时间使用止血带突然松解、疲劳、饥饿、寒冷、甚至精神过度紧张等情况，这些都可能加重休克的病理进程。

（二）休克的征象

根据休克的病理发展过程，可将其分为早期（代偿期）和晚期（失代偿期）。

休克早期，由于机体的代偿作用，患者中枢神经系统的兴奋性提高，表现为烦躁、面色苍白、手足湿冷、心率加快、气促等，这时的血压可能为正常或稍高，脉压降低（低于 30 毫米汞柱）。此期时间较短，易被忽略，但却是抢救休克的关键时期，如果处理得当，休克可以很快得到阻止；若处理不当，则会进入休克晚期。

休克晚期，机体的代偿能力逐步下降，患者表现为神志淡漠、反应迟钝，口唇及肢端发紫、四肢冰冷，脉搏细速，血压持续下降，收缩压降至 80 毫米汞柱以下，脉压减小至 20 毫米汞柱或以下，并可出现进行性呼吸困难或咳出粉红色泡沫样痰等。如果病情进一步恶化，则会表现为神志模糊甚至昏迷，脏器功能衰竭，心跳、呼吸停止，最终死亡。

休克的严重程度，目前判断标准尚未统一。临床上多根据血压、脉搏及末梢缺氧的情况来判定休克的程度：收缩压在 90~100 毫米汞柱，脉率为 100~120 次/分钟，为轻度休克；收缩压在 9.33~10.7 千帕（70~80 毫米汞柱）为中度休克；若收缩压低于 70 毫米汞柱甚至测不到，脉率为 120~140 次/分钟，则为重度休克。此外，还要看病人原来的血压水平，并结合临床症状进行判断。如高血压病人，若血压下降 20%以上，即应考虑有休克发生。

（三）运动休克的处理方法

第一，控制或消除引起休克的原因，如出血时，立刻止血；骨折时，固定肢体。

第二，姿势，如图 8-20、图 8-21 及图 8-22 所示。让患者平躺，下肢抬高 20~30 厘米。但有头部外伤、呼吸困难或抬高下肢会令病人痛苦时，则禁止抬高下肢。

图 8-20　有助于休克患者的卧姿

图 8-21　休克患者的卧姿——颜面下颚受伤时

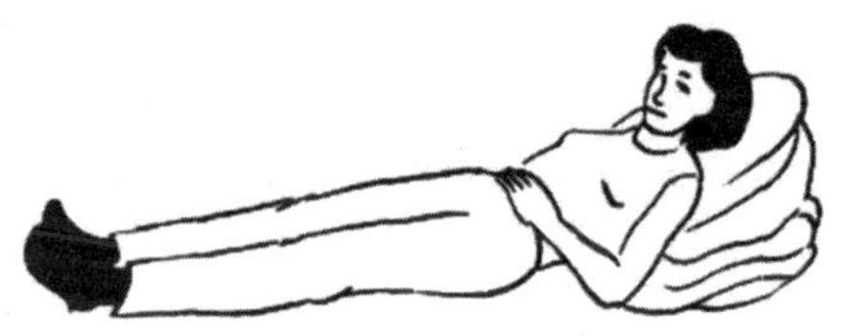

图 8-22　休克患者的卧姿——呼吸困难时

第三，保暖。以毛毯包裹患者，但勿使患者过热。因热量能使皮肤血管扩张，增加其血液容量，致使循环于身体各重要器官的血量更感不足，造成更严重的后果，如图 8-23 所示。

图 8-23　维持休克患者体温

第四，饮料。休克患者最急需补充的就是水分，但是患者头部、腹部受到重创、陷入昏迷时，则不可以为患者提供任何饮品。

第五，其他注意事项。安慰患者，并消除他的焦虑情绪。如无必要，切勿移动患者，以免加重伤势。

第六，尽快将患者送往医院。

六、常见的骨骼运动损伤急救与处理

骨的完整性遭受破坏或骨的连续性被中断称为骨折。在运动损伤中，骨折并不常见，但是一旦发生，多为严重损伤，应在受伤现场立即展开急救。

（一）骨折的原因

1. 直接暴力

骨折发生在暴力直接作用的部位，如体操运动员动作失误，胸部撞击在器械上导致的肋骨骨折、膝关节跪地引起的髌骨骨折等。

2. 间接暴力

骨折发生在暴力作用点以外的部位，常由于传导、杠杆、旋转等作用引起，如快速跑动时不慎跌倒手撑地导致的锁骨骨折、桡骨远端骨折或肱骨髁上骨折等。

3. 肌肉猛烈牵拉

肌肉突然猛烈收缩，可将肌肉附着处的骨块撕脱。如标枪运动员出枪瞬间猛力屈腕爆发用力，或跌倒时屈肘前臂外展手撑地，都可因前臂屈肌群的猛烈收缩或被动牵拉而导致该肌腱止点处的肱骨内上髁发生撕脱性骨折。

4. 应力作用

应力是指来自于支撑面的反作用力。运动中，某些专项的技术特点往往使应力过分集中于骨骼的某一部位，若该部位在运动中长期过度地被使用，最终有可能引发骨折。此类骨折被称为应力性骨折或疲劳性骨折，如发生于从事跑、跳项目运动员的胫腓骨疲劳性骨折，发生于竞走运动员的第一、第二跖骨的疲劳性骨折等。

除上述原因之外，骨骼本身的疾病也可引起骨折，如骨结核、骨肿瘤等，即使遭受的只是轻微外力，都有可能引起骨折。此类骨折又称为病理性骨折，在运动员中甚少发生。

（二）骨折的分类

1. 根据骨折是否与外界相通分类：

（1）闭合性骨折：骨折处皮肤完整，骨折端不与外界相通。此为运动中最常见的骨折类型。

（2）开放性骨折：骨折附近的皮肤或黏膜破裂，骨折端与外界相通。此类骨折若处理不当，容易引起感染，因此处理时应小心谨慎。

2. 根据骨折的程度及形态分类：

（1）不完全骨折：骨的完整性和连续性仅有部分中断的骨折。

①裂缝骨折：像瓷器上的裂纹，常见于颅骨、肩胛骨等处骨折。

②青枝周折：指骨组织虽断裂，但骨皮质的连续性仍完好的骨折。与青嫩的树枝被折时的情况相似，故又被称为“绿技骨折”或“柳枝骨折”，多发生于儿童身上。

（2）完全骨折：一般是指创伤比较严重的骨折现象，骨骼的完整性和连续性遭到完全破坏，管状骨形成连续两个以上的多个骨折段。医学上根据骨折线的方向又把完全骨折分为：横行骨折、螺旋性骨折和粉碎性骨折等多种骨折现象。

完全性骨折经过治疗复位后，受到外界科学的外固定后不再发生移位和变动的骨折，在医学上称之为稳定骨折；像青枝骨折、嵌插骨折等类型的骨折，经过诊断复位后依然会有移位可能性的骨折，被称作不稳定骨折，如螺旋形骨折或者粉碎性骨折等，如图 8-24 所示。

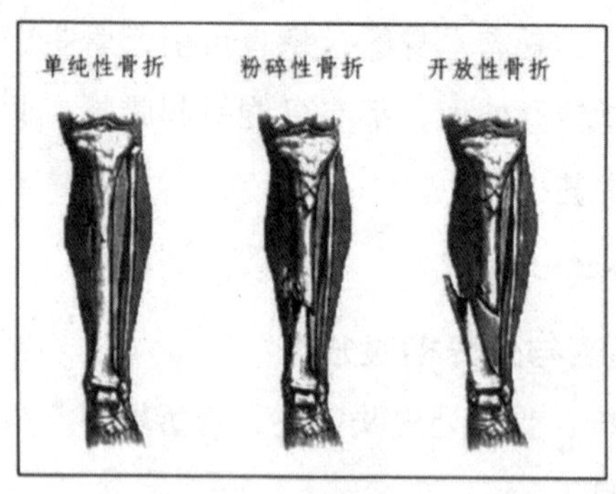

图 8-24　不同类型骨折

（三）骨折的征象

1. 全身表现

（1）休克：一般人体遭受重大创伤时如多发性骨折、脊椎骨折或者严重的开放性骨折等时，伤者会因为大面积的软组织损伤、出血量大、内脏损伤以及剧烈的疼痛出现短暂的休克状况。

（2）体温升高：在通常情况下，人体出现骨折状况时，体温会有不同程度的升高，一般骨折体温变化的幅度不大，一旦发生严重的骨骼损伤（股骨骨折、盆骨骨折等），身体会出现大量出血的状况，血肿被体内吸收时，会伴有体温升高的状况，但是最高也不会超过 38℃。如果遭遇开放式骨折伤势，在体温升高时一定做好防御措施预防合并感染。

2. 局部表现

（1）一般表现：①疼痛：骨折时骨膜下血肿或同时发生的软组织损伤，都可牵扯神经或使其受损，引起疼痛。在移动肢体时疼痛会加剧，经正确固定后疼痛即可减轻甚至逐渐消失。②瘀血肿胀：皆因骨折时周围软组织同时受损，引起出血和组织液渗出所致。身体表浅部位的骨折，在受伤 1~2 天后，溢出的血液因血红蛋白分解，会变为紫青或黄色的皮下瘀斑。深部骨折出现的血肿常不易察觉，应更加警惕。③功能障碍或完全丧失：骨折后由于肢体内部支架的断裂和疼痛引起的肌肉保护性痉挛，常使受伤部位出现功能的部分障碍或完全丧失；但有的嵌插骨折、裂缝骨折、前臂或小腿中承力相对较小的尺骨和腓骨骨折，则有可能功能受限不明显。④压痛：检查者用手指按压骨折断端，有敏锐的压痛感。⑤震痛（纵向叩击痛）：是指检查者沿断骨的长轴纵向挤压或叩击，骨折处出现明显的疼痛。

震痛是骨折所具有的特殊征象，亦是骨折的常规检查方法之一。其他常见的检查方法包括 X 线检查，其最大优点是可见骨折线。由于骨折后所出现的许多征象易与急性软组织损伤的炎症反应相混淆，所以，任何骨折都须经 X 线的检查后方可确诊。

（2）完全性骨折的特殊体征：①畸形：指骨折后断端发生移位，使受伤部位的形状发生改变，常见有成角、缩蹬、变长或旋转畸形。②假关节活动：指在没有关节的部位，骨折后出现类似关节的活动，多见于股骨、肱骨、指骨、趾骨骨折，前臂尺、桡骨和小腿胫、腓骨的双骨折。③骨擦音或骨擦感：在移动伤肢时，能听到或感觉到断骨间互相摩擦所发出的粗糙音响或骨擦感。以上体征只要发现其中之一，即可确诊为完全性骨折；但需要注意的是，有的完全性骨折，并不一定有这些体征，如嵌插骨折。另外假关节活动及骨擦音只有在检查伤员或移动伤肢时偶尔可见，绝不可故意摇动伤肢使其发生，以防锐利的骨折端移位，损伤周围的血管、神经等组织，或使嵌插骨折松脱而移位。

（3）骨折的 X 线检查

骨折的诊断主要依靠受伤史、体征和 X 线检查，后者对于骨折的确诊具有重要价值。X 线检查还能发现一般检查难以发现的损伤及移位，如不完全骨折、体内深部骨折、脱位时伴有的撕脱性骨折等。有些部位需要加拍特定位置或与健侧相应部位对比的 X 线片，如舟状骨骨折应加拍斜位片，儿童、少年的骺板分离常需拍健侧 X 线片，用以对比来进行确诊。

3. 骨折的并发症

有些伤员在发生骨折的同时，还可能伴有全身或局部的并发症，常见的并发症有休克、感染、内脏损伤、重要动脉损伤、缺血性肌挛缩、脊髓损伤、周围神经损伤、创伤性关节炎等。有的并发症有可能在短时间内危及到伤员的性命，必须优先紧急处理，如休克、大动脉的破裂等；另一些则须与骨折同时或延后处理。骨折后对伤员进行及时、正确的救治，可以最大限度地预防并发症的发生。

（四）运动骨折救助过程中夹板的使用方法

1. 常用夹板的规格

（1）手指用：长 10 厘米，宽 1.5 厘米，厚 0.5 厘米。

（2）前臂用：长 40 厘米，宽 5.5 厘米，厚 0.5 厘米。

（3）上臂用：长 40 厘米，宽 5.5 厘米，厚 0.5 厘米。

（4）下肢用：长 90 厘米，宽 13.5 厘米，厚 0.8 厘米。

2. 选择夹板的条件

（1）牢固、不易弯折的夹板。

（2）切忌使用粗糙不平、不清洁的夹板。

（3）长度必须超过骨折部位上下两端的关节。

（4）代用夹板：紧急运用时，可用硬纸板、报纸、杂志、树枝、拐杖、直木条、卷轴、毡子、枕头、门板（脊椎骨折用）等代用品。

3. 常用的夹板固定法

对所有骨折或疑似骨折患者，均应视为骨折的伤患固定处理；并须及时送往医院，以便进行进一步诊治。

常见的骨折部位有手指，上臂，前臂，膝盖，大腿，脚或趾，小腿和脊椎骨。

常见骨折部位的固定方法如下：

（1）上臂骨折固定，如图 8-25 所示，可将 1 块长度超过肘、肩关节的夹板放在上臂外侧，随后用两块三角巾或绷带在骨折处上上、下端固定，屈前臂，悬吊于胸前。在没有夹板的情况下，可用三角巾先将上臂固定于胸壁，再将前臂悬吊于胸前。

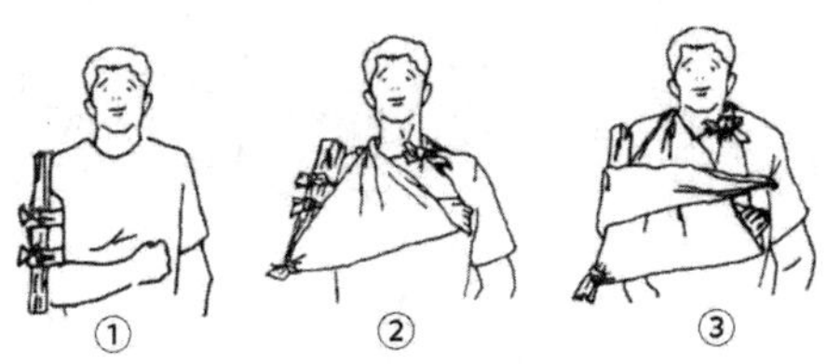

图 8-25　上臂骨折固定法

（2）前臂骨折固定，如图 8-26 所示，可将一块长度超过肘、腕关节的夹板放在前臂背侧，然后用三角巾或绷带、布条固定后悬吊于胸前。

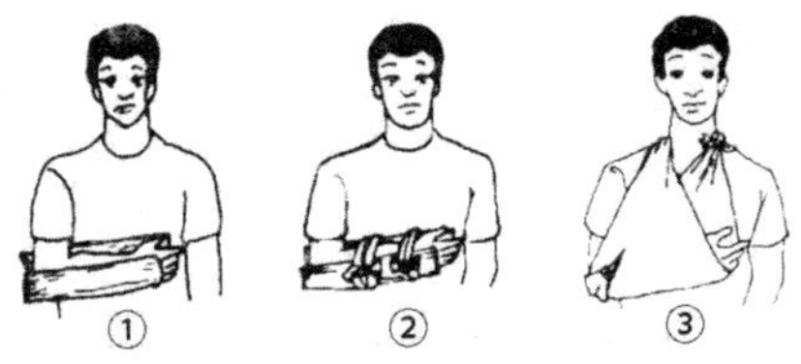

图 8-26　前臂骨折固定法

（3）大腿骨折固定，如图 8-27 所示，可将一块长度上至腋下、下达足根的夹板放在大腿外侧，用六块三角巾或绷带、布条，分别在踝关节、膝关节下，骨折处上、下端，腰部、胸部绑夹板。在没有夹板的情况下，可利用对侧健肢进行固定，将两侧下肢并列，在并列肢体的骨突、关节间隙中垫上软物，然后用三角巾或绷带，分别在踝关节处，膝关节上、下处，髋关节处将两下肢绑紧。

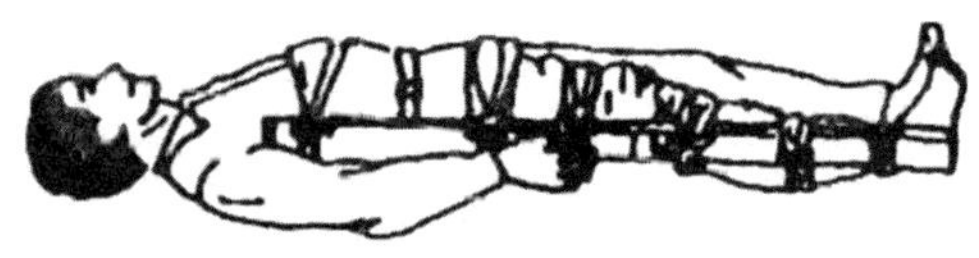

图 8-27　大腿骨折固定法

（4）小腿骨折固定，如图 8-28 所示，用两块长夹板分别在骨折上、下端，踝关节、膝关节上绑紧夹板。如没有夹板，可利用健肢固定，方法见大腿骨折固定法。

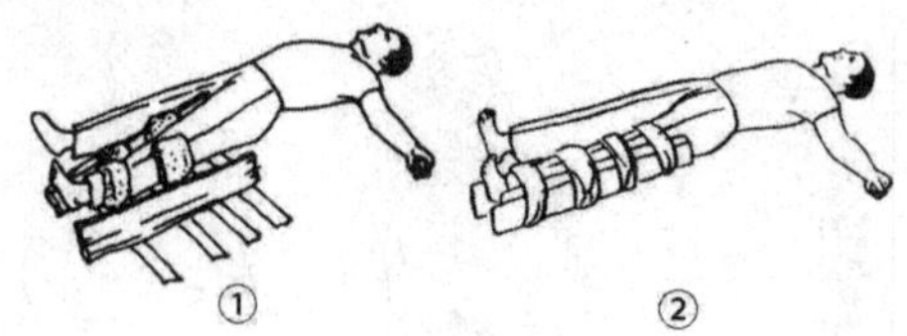

图 8-28 小腿骨折固定法

（5）踝部骨折固定法如图 8-29、图 8-30 所示。

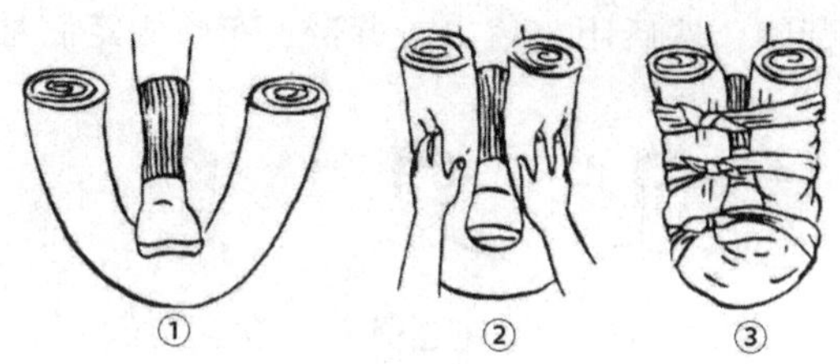

图 8-29 踝部骨折固定法一

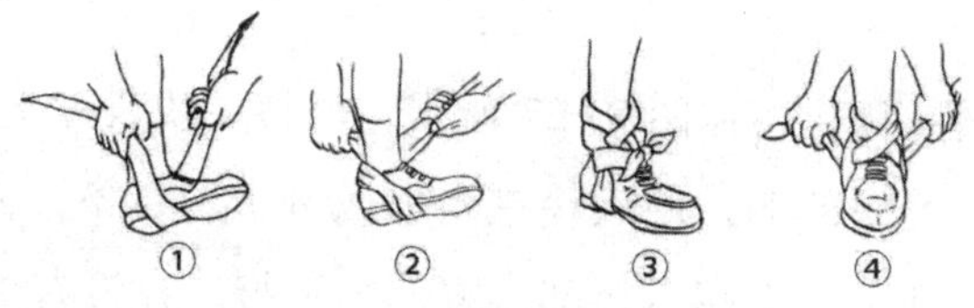

图 8-30 踝部骨折固定法二

（6）足部骨折固定法如图 8-31 所示。

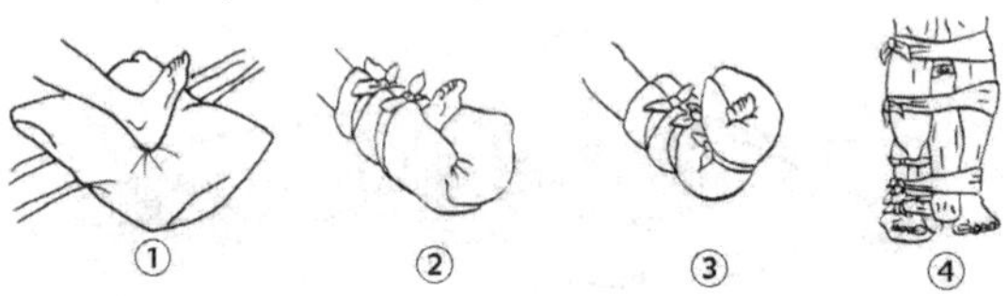

图 8-31 足部骨折固定法

七、运动损伤的一般处理

在运动损伤发生后，对其处理是否及时、正确，针对损伤康复的训练是否合理、恰当，不仅直接影响运动员创伤愈合的程度和速度，还与伤后正式恢复训练的情况、甚至与运动员的运动寿命息息相关。鉴于在运动损伤的各类病种中以软组织损伤，尤其是闭合性软组织损伤最为多见。为此，本部分主要介绍急、慢性闭合性软组织损伤的处理原则和一般处理方法，以及伤后康复训练的原则和需要注意的问题。

（一）开放性软组织损伤的处理

开放性软组织损伤是指皮肤或黏膜破裂，伤口直接与外界相通的软组织损伤。在体育教学与训练中，常因运动者身体之间的猛烈碰撞，或身体受到场地、服装、器材等外部机械作用致伤。常见有擦伤、刺伤、切伤和撕裂伤，如击剑、标枪、飞镖等运动中发生的刺伤；篮球、足球运动中发生的眉弓、头皮或小腿撕裂伤；武术双人对练时引起的刀切伤，至于运动中跌倒身体与粗糙的地面相接触，或身体与器械、服装摩擦所致的擦伤就更加多见。

发生开放性软组织损伤后，轻者皮肤或粘膜破裂，重者不仅皮下组织撕裂，还可能引起该处的肌肉、肌腰、神经、血管等组织出现合并损伤。伤口不但有出血和溶液渗出，而且与外界相通，容易造成感染。因此，开放性软组织损伤的处理原则应以止血、清洁并保护伤口、预防和治疗感染为主。

1. 擦伤

擦伤是指身体与粗糙的物体相互摩擦所引起的皮肤表层的损伤。擦伤时皮肤表层剥脱，创面见点状溶血、渗液。若身体某部在裸露的情况下，被不洁的物体擦伤，伤口处还可能黏附有灰沙、泥土等不洁物质，易发生感染；感染的伤口创面可见脓性分泌物，或形成脓痂覆盖在创面。

（1）处理方法

根据擦伤所在的部位、面积大小与深浅，以及伤口是否被污染等情况的不同，处理的方法也应有所不同。伤口面积小而浅且无污染时，在用生理盐水清洁伤处后可直接涂以皮肤外用消毒剂。

常用的皮肤外用消毒剂有：红药水（2%红汞溶液）、碘酒（2%碘酊溶液）、0.1%新洁而灭液等。伤口面积大而深且有污染时，应先用碘酒对伤口周围的皮肤进行消毒，再用75%的酒精脱碘，然后用生理盐水清洁创面。若伤口黏附有沙石、煤渣等难以清除的不洁物质，必要时应在1%普鲁卡因的局部麻醉下，用毛刷将其彻底清除；在清理创面后，用0.1%雷夫奴尔液湿纱布覆盖，再进行包扎。伤口日后是否会感染，与伤口的清洁程度直接相关，因此清创的环节应认真仔细。关节部位的擦伤在对伤口进行清洗、消毒后，宜用凡士林油纱布覆盖，或涂抹消炎软膏，再用消毒敷料进行包扎。伤口化脓时，在对伤周皮肤进行常规消毒后，先用消毒镊子揭除脓痂，用双氧水（2%过氧化氢液）彻底清洗伤口，再按有感染的伤口处理。

（2）注意事项

面部擦伤最好用0.1%新洁而灭液，以免因使用其他药物致面部遗留色素沉着。红药水和碘酒不宜同时在同一部位使用，因为这两种药物混合可生成一种叫作碘化汞的化合物，后者不仅失去了上述两药所各自具有的抑菌和杀菌的作用，还有微毒，对伤口有刺激作用，不利于伤口的愈合。紫药水是以往经常使用于皮肤、黏膜损伤的外用消毒剂，鉴于近期有研究指出紫药水有致癌的作用，因此对此药物的使用应更加慎重。除关节部位外，一般小而浅的擦伤应尽可能地用暴露疗法，以利创面的干燥结痂和愈合。而关节部位由于经常活动易致伤口燥裂，为避免继发关节内感染，擦伤时最好不要使用暴露疗法。

2. 刺伤、 切伤和裂伤

刺伤和切伤是指被利器刺入或切割所引起的皮肤和皮下组织的损伤。裂伤是指身体某部受到钝性暴力作用所引起的皮肤和皮下组织的撕裂伤。刺伤伤口小而深，可引起深部组织器官的损伤；若被不洁的利器刺入，易合并细菌的感染，而其中以破伤风杆菌的感染对人体生命安全的威胁最大。切伤的伤口规则且呈直线，出血多。若暴力作用大，切口深，可伤及皮下的肌肉、肌腱、神经、血管等组织，甚至引起骨折。裂伤多见于身体相互接触的球类运动或器械运动，其中以头面部裂伤发生率最高（可达61%），眉弓、颧弓、下颌、头皮、小腿等都是常见的裂伤部位；裂伤伤口的边缘多不整齐，创面皮开肉绽，出血多，组织破坏较为严重。

（1）处理方法

若是伤口小，污染轻的切伤和裂伤，应先用碘酒和75%的酒精消毒伤周皮肤，再用生理盐水清洁创面后，最后用止血贴加压粘贴；伤口大而深、出血严重时，应采用间接指压法或止血带法在现场先紧急止血，同时用消毒敷料覆盖伤口，加压包扎后，及时送往医院进行清创、缝合、消炎等处理。

刺伤由于创面小而深，其创道会很快被血凝块封合，一般可在常规消毒伤口及伤口周围皮肤后，用消毒敷料覆盖伤口，再加压包扎。伤员应在24小时内常规注射破伤风抗毒素1500～3000国际单位，以预防有可能引起的破伤风感染。必要时还需要口服或注射抗生素以预防细菌感染。

（2）注意事项

无论刺伤、切伤或裂伤，若病人出血多或伴有休克时，都应先紧急止血或采取抗休克措施，然后再处理伤口。若因止血需要必须使用止血带时，应注意注明止血时间的标识，在运送途中每半小时松开一次，以免因捆绑时间过久，致使远端肢体缺血引起坏死。凡被刺入或切割深者，应注意仔细检查伤处，以确定有无合并损伤。无论有无合并损伤，凡伤情严重者，应立即送往医院进行诊治。被不洁利器切割或裂伤伤口疑有污染时，也要预防破伤风感染。在注射破伤风抗毒素前，应先进行皮试，无不良反应方可使用。

（二）闭合性软组织损伤的处理

闭合性软组织损伤是指皮肤或黏膜保持完整，伤口与外界不相通的软组织损伤。在体育教学和运动训练中发生的损伤，大多属于闭合性软组织损伤（约占运动损伤总发病率的70%），常见的有：挫伤、肌肉拉伤、关节韧带损伤、滑囊炎、滑膜炎、腱鞘炎、肌腱腱炎和腱围炎等。学习并掌握该类伤痛的处理原则和正确的处理方法，对于伤员伤口的愈合和运动能力的恢复是十分重要的。

1. 急性损伤

急性损伤大多是由一次强度较大的直接或间接外力所引起的组织损害，其临床表现特点为发病急、病程短、病理变化和症状反应明显。根据急性软组织损伤的病情发展过程，可将其处理过程分为早、中、后三个阶段。

（1）早期

早期即急性炎症阶段，通常指在伤后 24 或 48 小时以内。主要病理表现为组织出血和局部的急性炎症反应。受伤的早期，在组织细胞遭到损坏的同时血管破裂，外溢的血液流向皮下和组织间隙，根据出血量的多少，会表现为瘀点、瘀斑或皮下血肿。组织损伤后，伤处会出现反应性炎症，即由于坏死的组织分解，其分解产物会使局部的小血管扩张，血管壁的通透性增强，致血液中的水分、蛋白质和白细胞等透出血管外的病理过程。反应性炎症以及静脉和淋巴液回流受阻引起的局部渗出液增加、出血或关节囊撕裂引起的关节液外溢都可能引发并加重伤处的肿胀。损伤时也可能出现神经直接受损，或因肿胀压迫和牵扯神经，以及伤后体内致痛物质（钾离子、五羟色胺、前列腺素等）增加，使患部出现疼痛。因疼痛引起的肌肉保护性痉挛会使伤部出现功能受限，而肌肉或肌腱的完全断裂则可能导致伤部的功能丧失。损伤后还可能因局部的血流速度加快、产生的热量增加，致使皮肤温度增高，引起发热。上述病理变化会使伤处出现红（瘀血）、肿胀、发热、疼痛和功能障碍的局部症状。

①处理原则：止血、防肿、镇痛、制动和减轻炎症反应。

②处理方法：主要采用四 PRICE 措施，并结合药物进行治疗。

PRICE（如图 8-32 所示）措施是目前国际上公认的处理急性闭合性软组织损伤的常规治疗方法。

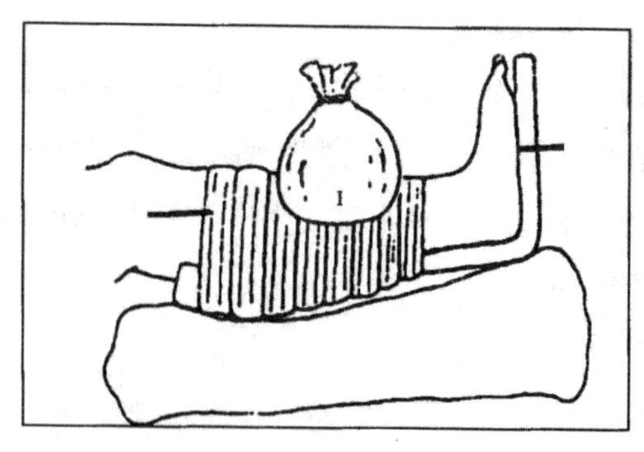

图 8-32　PRICE 疗法

P（Protection）指防止进一步损伤。损伤后应将患肢置于有利于受伤组织恢复的恰当位置，必要时可使用拐杖、助行器或支具等，以防损伤加重。怀疑有肌肉、肌腱或韧带断裂的患者，须用棉花夹板先固定其伤肢，再将其送往医院做进一步处理。

R（Rest）指制动休息。停止患部的活动，有助于防止进一步的损伤，限制伤情的发展，减轻疼痛。

I（Ice）指冷冻疗法。冷疗具有止血、止痛、防肿和解痉的作用。其中冷冻喷雾治疗是目前运动现场最常使用、效果最好的冷冻疗法。使用内含氯乙烷或氟利昂等具有制冷作用的喷雾剂（如云南白药气雾剂、好得快气雾剂等），可使伤部迅速降温。使用时局部喷射时间约为 20 秒钟，在伤处出现一层白霜即可，多用于躯干与四肢部位损伤的现场处理。冰疗和冰水浸浴是较为经济实用的冷疗方法，一般在运动现场或运动员离开运动场后尽早使用。冰疗是事先将碎冰装在密封的袋中，然后置于伤处，时间约 20 分钟，可用于身体的任何部位。冰水浸浴是将患处直接浸泡在悬浮着碎冰的水中，或先加压包扎、再浸于冰水中，出水后换干绷带再加压包扎。浸浴时间每次 10 分钟，可重复 2~3 次，一般用于手腕、肘、足踝部损伤。

C（Compression）指加压包扎。受伤处用海绵或棉花等软物垫置，再用绷带稍加用力进行包扎，具有止血、防肿的作用。加压包扎可直接用于伤后即刻，也可在冷冻疗法后使用。

E（Elevation）指抬高患肢。将伤肢适当抬高，可减少伤部动脉供血，促进静脉和淋巴液的回流，具有止血、防肿的作用。肢体抬高幅度的要求是要使伤处高于心脏的水平位置。常用于四肢部位的损伤，多在伤后即刻使用或在冷冻疗法和加压包扎后使用。

早期除采用上述措施外，若伤员疼痛剧烈、影响休息和睡眠时，可口服或注射止痛类药物，必要时可给予少量的镇静剂；也可通过针刺或点掐有关穴位诱导止痛；郑氏新伤药属于中药糊剂，可外敷伤部后加压包扎，此药具有止血、防肿和止痛的功效。常用的止痛药物为非甾体类消炎药。

云南白药就具有止血、止痛的作用，也可应用于早期。

（2）中期

中期即“再生—修复”阶段，又称恢复期，通常指伤后的 24 小时或 48 小时以后至 2~6 周。此时患部出血停止，损伤所引起的急性炎症反应逐渐消退，但伤处依然有瘀血、疼痛和肿胀现象。此时肉芽组织开始形成，损伤组织进入完全再生或不完全再生的修复阶段。

①处理原则：要改善伤部的血液和淋巴循环，促进组织的新陈代谢，使瘀血、渗出液尽快吸收，加速损伤组织的完全再生，减少瘢痕修复，防止粘连形成。

②处理方法：应用于损伤中期的处理方法有很多，一般多采用综合性的治疗措施。随着用于医学治疗器械的不断研发，其方法和手段也在不断更新，以下介绍的是目前比较常用的一些方法。

理疗：热水袋外敷或热水浸浴患处，是较为经济且简便的方法。红外线、短波、超短波、微波、蜡疗、温水浴、漩涡浴等则需要专门的仪器，且必须在专业人士的指导下使用。

按摩：一般在伤后的第 3 日开始，由伤周逐渐向伤处进行。按摩选用的手法，依损伤的性质而定。肌肉损伤可选用推、揉、滚动、弹筋、理筋、点穴等手法；肌腱、韧带损伤可选用推、擦、揉、理筋、镇定、运拉等手法；肿胀可用推摩、切法等。按摩的力度应由轻到重，伤处和血肿明显的部位不宜采用重手法按摩，以免加重伤情。

针刺疗法：多以损伤局部取穴（或痛点）为主，远端配穴为辅。针刺也可配合拔火罐、电针治疗仪或艾灸以增强疗效。

拔罐：痛点明显且集中者，可采用定罐或针罐。损伤面积大（如腰背部、四肢）则可采用排罐和游走罐。

药物治疗：无论中药或西药，在运动损伤的治疗过程中，应用得都较为普遍。

中药：外敷常用有郑氏旧伤药、活血生新剂等，内服药有七厘散、跌打丸、云南白药等，亦可选用中药的外洗剂熏洗患处，或用中药的揉剂和酒精浸出液（药酒）来涂擦按摩伤处。

西药：透明质酸酶 300~1000 单位加 1%普鲁卡因 3~5 毫升注射于伤处的中心或周围，具有消除肿胀、减少瘢痕形成的作用。肾上腺皮质激素类药物可使痛点局部封闭，常用于肌肉拉伤、滑囊炎、腱鞘炎、脂肪垫炎等损伤，其疗效较好。但由于该药可使组织的脆性增加，因而应注意不要在同一部位连续使用 2 次以上，尤其是肌腱或韧带的部位更应慎用，以免导致组织断裂。常用的其他药物有：醋酸泼尼松龙、地塞米松等，常和 1%普鲁卡因混合使用，后者有镇痛和扩大药物弥散范围的作用。

功能锻炼：损伤后一旦出血停止，应根据伤情轻重尽早开始进行伤部的功能锻炼。伤后的功能锻炼应根据损伤的部位、性质及轻重程度合理安排锻炼内容和负荷量，练习中应注意循序渐进和个别对待的训练原则，并加强必要的医务监督，以避免因不合理的训练而加重伤情。有条件的患者，可在专业人员的指导下，通过多功能联合练习器（Cybex）进行以康复为目的的功能训练；若无上述练习器械，也可采用如橡皮带、哑铃、沙袋等简易的器械，通过由徒手逐渐过渡到负重和抗阻力的器械练习、开链或闭链的练习，以逐步恢复伤部的功能。

（3）后期

后期即重塑阶段，又称功能期，通常在伤后 2~3 周或 1~2 月后进入此期。此时损伤局部的肿痛已基本消失，但功能尚未完全恢复正常。主要表现为患部软弱无力，肌肉力量、肌腱和韧带的柔韧性、关节的活动度等都尚未恢复到伤前水平，伤处还可能因疤痕修复或组织粘连出现功能受限。

①处理原则：促进损伤痊愈，恢复并增强患部的肌肉力量和关节的正常功能。

②处理方法：以功能锻炼为主，辅以药物、按摩、理疗等综合治疗方法。

后期的处理方法基本与中期相同。中药外敷多选用郑氏旧伤药外敷，海桐皮洗剂熏洗患处等。按摩对于消除组织的粘连也有较好的疗效，手法应以揉和揉捏为主，配合分筋、弹拨、运拉等。蜡疗、水疗等理疗结合按摩和功能练习具有软化疤痕、松解粘连的功效。

2. 慢性损伤

多由急性损伤久治不愈迁延而成，或因局部长期负荷过重、组织细微损伤积累所致。前者为陈旧性损伤，后者又称劳损。慢性损伤早期多无自觉症状，或仅有酸困不适感，故常被患者忽视；待出现疼痛，组织肥厚、变硬等征象，病情已进入中期；晚期则会因损伤的局部血管损害严重、疼痛加重，还会出现局部发凉、温度下降等现象。

慢性损伤的处理原则主要是改善伤部的血液循环，促进组织的新陈代谢，合理安排局部负荷量。处理方法基本与急性闭合性软组织损伤的中、后期相同。

参考文献

[1] 杨晓青．我国高等教育的发展规模和速度问题研究［M］. 北京：高等教育出版社，2009.

[2] 中国健康促进与教育协会．健康促进理论与实践［M］. 上海：上海交通大学出版社，2009.

[3] 王柳行，曹志友．健康教育与健康促进教程［M］. 北京：中国中医药出版社，2009.

[4] 毛振明，等．大学生体育与健康教程［M］. 北京：北京师范大学出版社，2009.

[5] 黄迎乒，张振东，等．体育锻炼与欣赏［M］. 河南：郑州大学出版社，2008.

[6] 傅华．预防医学［M］. 北京：人民卫生出版社，2008.

[7] 杨绍基．传染病学［M］. 北京：人民卫生出版社，2008.

[8] 包家明．护理健康教育与健康促进［M］. 杭州：浙江大学出版社，2008.

[9] 中华人民共和国卫生部，中国人民解放军总后勤卫生部．核生化损伤诊断治疗手册［M］．北京：解放军出版社，2008.

[10] 薛德钧，田晓红．大学生心理与心理健康［M］. 北京：北京大学出版社，2007.

[11] 陈新谦．新编药物学．16 版［M］. 北京：人民卫生出版社，2007.

[12] 仲剑平．医疗护理技术操作常规［M］. 北京：人民军医出版社，2007.

[13] 李立明．流行病学［M］. 北京：人民卫生出版社，2007.

［14］吕世静．免疫学检验［M］．北京：人民卫生出版社，2007.

［15］赵福临，陈庆熙．对运动性疲劳产生机制及恢复方法的研究［J］．体育世界：学术版，2007（11）：23-26.

［16］杨龙满．体育教学与能力培养［J］．体育教学，2007.

［17］胡俊峰，侯培森。当代健康教育与健康促进［M］．北京：人民卫生出版社，2006.

［18］易法建，冯正直．心理医生［M］．重庆：重庆出版社，2006.

［19］王鹏，侯永梅．健康教育与健康促进［M］．北京：中国医药科技出版社，2006.

［20］王文良．健康促进志愿者指导手册［M］．上海：上海中医药大学出版社，2006.

［21］乐杰．妇产科学［M］．北京：人民卫生出版社，2006.

［22］谭洪论．基于《标准》下体质健康管理体系的探索［J］．中国科技信息，2011，24：189-191.

［23］肖夕君，王冬冬．大学生体质健康评测指标体系的实证研究［J］．山东体育学院学报．2010（10）．

［25］张晓燕，等．美国健康管理模式对我国健康管理的启示［J］．中华健康管理学杂志，2010（5）：315-317.

［26］杨眉，李佳慧．大学生健康人格教育的质性研究［J］．高等工程教育研究，2010，1：86-89.

［27］杜小安，朱斌．大学生体质健康测试后续服务管理模式与运用［J］．成都体育学院学报，2010，8（36）：91-94.

［28］吴宗喜，蔡晓波．高校开展学生体质健康管理的调查研究［J］．南京体育学院学报，2008，（22）：102-105.

［29］刘振华，何不廉．C/S 与 B/S 混合模式学生体质健康管理系统设计［J］．计算机与现代化，2008（1）：98-100.

［30］赵忠伟，李英玲，刘瑞平，等．高校大学生体质下降的因素与体育课程干预手段研究［J］．北京体育大学学报，2008（2）．